# Cocina Internacional

*paso a paso*

# Cocina Internacional
## *paso a paso*

## *Los postres*

Edición 1999

© 1999 GR.U.P.O., S. A.
Avda. de Llano Castellano, 13 - 4.º A
28034 Madrid

Talleres Gráficos Peñalara
Ctra. Villaviciosa-Pinto, km. 15,180
Fuenlabrada (Madrid)

ISBN: 84-7906-313-0 (Obra completa)
ISBN: 84-7906-312-2 (Tomo IV)
Depósito legal: M-1.301-1999

Impreso en España/Printed in Spain

# Sumario

LA CULMINACIÓN DE LA COMIDA . . . . . . . . . . . . . . . . . . . . . . . . . . . . . . . . . . . . . 9
LA FRUTA, EL POSTRE NATURAL . . . . . . . . . . . . . . . . . . . . . . . . . . . . . . . . . . . . 9
CREMAS, FLANES Y NATILLAS . . . . . . . . . . . . . . . . . . . . . . . . . . . . . . . . . . . . . 10
AZÚCAR, CLARA Y MERENGUE . . . . . . . . . . . . . . . . . . . . . . . . . . . . . . . . . . . . 10
MASAS PASTELERAS Y PASTELES . . . . . . . . . . . . . . . . . . . . . . . . . . . . . . . . . . 11
LOS FUNDAMENTOS DEL BIZCOCHO . . . . . . . . . . . . . . . . . . . . . . . . . . . . . . . . 12
LA TARTA, LA SEÑORA DE LA FIESTA . . . . . . . . . . . . . . . . . . . . . . . . . . . . . . . 12
LA APETECIBLE FRESCURA DE LOS HELADOS . . . . . . . . . . . . . . . . . . . . . . . . 13

# Sumario

| | |
|---|---|
| MELOCOTONES MELBA | 15 |
| COPA DE FRUTAS AL CHAMPÁN | 16 |
| APFELSTRUDEL | 17 |
| MOUSSE DE CHOCOLATE | 18 |
| TORTA DE RICOTTA CON FRUTAS | 19 |
| BUDÍN DE PAN CON PASAS | 20 |
| TIRAMI SU | 21 |
| SACHER | 22 |
| PERRUNILLAS | 24 |
| QUEQUE | 25 |
| NATILLAS CASTELLANAS | 26 |
| SUFLÉ ROYAL | 27 |
| PASTEL DE CABELLO DE ÁNGEL CORDOBÉS | 28 |
| CHARLOTA | 29 |
| TARTA TATIN | 31 |
| LECHE FRITA | 32 |
| FLAN DE CHOCOLATE | 33 |
| BORRACHOS | 34 |
| SORBETE DE TÉ | 35 |
| ROSQUILLAS CASTELLANAS | 36 |
| CREMA DE LIMÓN | 37 |
| BUDÍN DE NAVIDAD | 38 |
| TORRIJAS | 40 |
| FLAN DE MARACUYÁ CON LECHE | 41 |
| MAGDALENAS | 42 |
| CASABE | 43 |
| HUESOS DE SANTO | 44 |
| CREMA DE MANGO CON CHOCOLATE | 45 |
| TARTA DE ALBARICOQUE AL MARSALA | 46 |
| ROSCAS DE ALMENDRAS Y AVELLANAS | 48 |
| FLAN DE CHIRIMOYA CON LECHE | 49 |
| CREMA DE MANZANA | 50 |
| HELADO DE MANGO | 51 |
| ROSCA ASTURIANA | 52 |
| CLERICÓ CRIOLLO | 53 |
| CRÊPES SUZETTE | 55 |
| FRESONES AL VINAGRE | 56 |
| COPA DE FRUTAS AL HIELO | 57 |
| MANTECADAS | 58 |
| PASTEL DE ZANAHORIAS | 59 |
| HELADO SUFLÉ DE CAFÉ | 60 |
| MAZAPANES | 62 |
| STRAWBERRY | 63 |
| MANZANAS ASADAS | 64 |

# Sumario

| | |
|---|---|
| TORTA ANDINA | 65 |
| SORBETE DE MENTA | 66 |
| BESOS | 67 |
| ALFAJORES | 69 |
| LECHE HELADA ALMENDRADA | 70 |
| SORBETE DE UVA | 71 |
| MANZANAS Y PERAS AL VINO | 72 |
| BRIGADEIROS CON CAFÉ | 73 |
| | |
| ÍNDICE DE LOS POSTRES | 75 |
| GLOSARIO | 80 |
| DICCIONARIO DE EQUIVALENCIAS ESPAÑOL Y LATINOAMERICANO | 84 |

# LOS POSTRES

# La culminación de la comida

Los postres marcan el punto final de una comida y, en consonancia con ella, deben constituir un regalo muy especial para el paladar. Un regalo que debe desafiar la satisfacción del estómago e incitar gastronómicamente a los sentidos para un goce último. Por ello, los postres han de ser soberbios a la vista, sugerentes al gusto y provocativos al olfato. Irresistibles. Para apreciar estas cualidades cuenta de modo primordial la sensibilidad de los comensales, pues un buen postre no tiene por qué ser el resultado de una compleja elaboración. En ocasiones, una fruta fresca, un helado o un bizcocho se erigen como inmejorables delicias que suceden al buen comer.

## La fruta, el postre natural

La fruta sola, una naranja, una manzana, un racimo de uvas, etc., vale como un refrescante y digestivo postre. Sólo cabe una cuidada presentación que realce su belleza natural para que aparezca ante los ojos del comensal como un bien apetitoso.

Las frutas tienen la virtud de aportar un buen número de elementos nutritivos al organismo humano. En general, son ricas en agua, azúcares, ácidos, sales minerales, vitaminas, celulosas y fermentos muy beneficiosos y eficaces para la buena marcha del cuerpo.

El agua, por ejemplo, que se concentra en la fruta en proporciones que varían entre un 70 y un 80 %, puede actuar como un buen diurético natural y hace casi innecesario, para quienes las consumen en abundancia, beber grandes cantidades de líquido. Asimismo, los azúcares o hidratos de carbono, constituidos por glucosa y dextrosa en proporciones similares, son grandes productores de calor y energía muscular. El porcentaje medio de azúcares de las frutas es de un 6 %, aunque en ciertas frutas dulces, su contenido puede llegar al 22 %. También los ácidos de la fruta (málico, tartárico, cítrico, péctico, etc.) son magníficos alcalinizantes de los humores, una vez que la potasa que traen se combina con el ácido carbónico para formar los carbonatos que vuelven alcalina la orina y se eliminan con ella. Las vitaminas de la fruta cruda son abundantes y variadas.

Por este motivo el consumo de frutas es imprescindible para evitar trastornos provocados por la avitaminosis. La celulosa, que desempeña un papel importantísimo en la lubricación intestinal, se halla en un 4 % en la piel de la fruta. Por esta razón es recomendable, cuando sea posible, consumir la fruta sin pelar, aunque, obviamente, bien lavada. Los fermentos naturales de las frutas también favorecen el correcto funcionamiento del aparato digestivo.

Todas estas cualidades inducen a una ingestión diaria de frutas; sin embargo, no es aconsejable comerlas tal como llegan a las manos. En primer lugar, conviene lavarlas muy bien para quitarles la tierra, la suciedad y, sobre todo, los restos de pesticidas y otras sustancias químicas que puedan traer.

Una vez lavadas, es conveniente comer las frutas de piel fina sin pelar, ya que en la piel se concentra un buen porcentaje de celulosa, vitaminas y fermentos naturales que contienen. Como es de suponer, las frutas de piel gruesa, aunque estén bien lavadas, se mondan. Y este es un punto en cierto modo crítico cuando se trata llevar a cabo esta operación en la mesa, pues aquí requiere cierta habilidad con los cubiertos.

Sin embargo, todo es cuestión de paciencia. En primer lugar, se toma la fruta, por ejemplo, una manzana, sujetándola con el tenedor y, con el cuchillo, se le cortan el rabillo y las coronillas superior e inferior; después, se divide la fruta en cuartos y se pelan éstos individualmente, aunque también se pueden comer con la piel.

La naranja tampoco es difícil de pelar. Como a la manzana, se le cortan ambas coronillas y después se le hacen a la cáscara varios cortes verticales aunque superficiales, para poder mondarla sin romper la pulpa. La mandarina se pela del mismo modo, después se abre y se comen los gajos con el tenedor.

Los plátanos no tienen el más mínimo inconveniente, ya que lo más natural del mundo es pelarlos

## LOS POSTRES

con la mano y después se consumen troceándolos con el cuchillo y el tenedor. Las uvas y las cerezas se toman con los dedos, y también las semillas, que luego se dejan en el plato.

Las jugosas frutas tropicales, como mangos, aguacates, guayabas, chirimoyas, etc., se cortan por la mitad y se come su sabrosa pulpa cogiéndola con una cucharilla.

La fruta, por otra parte, es un producto que, al margen de sus valores nutritivos, digestivos y refrescantes, también constituye el principio de una serie de sorprendentes preparaciones.

Desde este punto de vista, las frutas cocidas pueden llegar a la mesa en forma de compota o confitadas, almibaradas, escarchadas o transformadas en jalea o mermelada. Peras y manzanas resultan exquisitas asadas al horno, al igual que los melocotones pasados por agua, tal como si fuesen huevos. Las frutas también integran y dan nombre a numerosas y riquísimas tartas y confieren sus colores y sabores a helados y sorbetes.

### *Cremas, flanes y natillas*

La leche, líquida o cuajada, es el ingrediente básico de varios y exquisitos postres. Basta con añadirle harina, azúcar y huevos bien mezclados y en distintas proporciones para obtener yemas, merengues, natas, natillas, cremas, flanes, buñuelos, etc.

La crema de leche es, en realidad, la grasa de la misma, la cual, una vez separada del líquido mediante el batido o centrifugado, da como resultado la nata. Hay dos tipos de cremas, la llamada «flor de leche» y la nata o crema propiamente dicha. La primera es la grasa recién separada de la leche y en la que aún no han reaccionado los fermentos lácticos. Se trata de un producto muy fluido (de ahí que también se la llame nata líquida) y de sabor un tanto insípido, que se utiliza para ciertas salsas y recetas culinarias.

La nata es la grasa que se separa del líquido cuando ya se han desarrollado los fermentos lácticos acidificando y espesando la flor de leche. Gracias a este proceso, la crema resultante adquiere un perfume y un sabor muy agradables. Si bien en estas condiciones ya suele usarse en la elaboración de diversos dulces, se la suele batir para que quede más espumosa, y así se denomina nata batida.

Otras cremas de distintos sabores y perfumes se obtienen en general también a partir de la leche espesada y de claras de huevo batidas al punto de nieve, o bien mediante adición de almidón. Por este método básico se obtienen las cremas de caramelo, vainilla, café, etc., y otras que tienen que ver con su consistencia, como son las fluidas, constantes, untuosas, espumosas, etc.

La llamada crema chantilly es el resultado de batir crema fresca con una espátula y espolvorearla con azúcar en polvo poco antes de que tome la consistencia deseada. Esta crema se emplea en pastelería para los merengues y lionesas y, sobre todo, para adornar las tartas.

Los flanes y natillas tienen como ingredientes básicos la leche, las yemas de huevo y el azúcar, pero difieren en la consistencia que se obtiene al cuajarse la masa cocida al baño María. Las natillas ofrecen numerosas variantes, que responden a los gustos y peculiaridades de cada país o región, donde hacen prevalecer el detalle de un ingrediente o de una sazón original.

### *Azúcar, clara y merengue*

El merengue, con ser sencillo, es uno de los dulces más deliciosos que se pueden comer. Sus ingredientes básicos son clara de huevo y azúcar, y con frecuencia se elabora cuando otros platos o postres sólo han utilizado las yemas de los huevos. El buen merengue sólo necesita que se batan con energía las claras sobrantes y, a medida que vayan esponjándose, que se les añada azúcar hasta conseguir que se eleven como una montaña nevada, momento en que se aromatizan al gusto de cada uno. Después, se prepara azúcar a punto de bolilla y se añade a las claras montadas hasta conseguir una masa consistente. Acto seguido se dispone una tabla lisa previamente mojada y, con una manga pastelera provista de un boquilla rizada, se da forma a los merengues, los

# Los Postres

cuales se espolvorean con azúcar molido y se introducen en el horno muy fuerte.

## Masas pasteleras y pasteles

Existen numerosas masas pasteleras, cuyas diferencias vienen determinadas tanto por las distintas proporciones de sus ingredientes comunes como por el trabajo y la manipulación de las mezclas. Las más populares son la masa quebrada, la de hojaldre, la de bizcocho y la lionesa.

La masa quebrada es, como sugiere su nombre, la que se quiebra al comerla. Se trata de una pasta que se prepara con harina floja y mantequilla, cuyo sabor se torna predominante, y que se corta fácilmente con el cuchillo. La masa quebrada es especialmente recomendable para la tarta de manzana. Una vez confeccionada la masa quebrada, se cubre con finas rodajas de manzana y se introducen en el horno fuerte durante media hora. Cuando se hace esta tarta, es conveniente elevar cuidadosamente los bordes de la masa en el molde, para que el jugo de las manzanas no se derrame durante su cocción, y forme la exquisita gelatina.

La masa de hojaldre, o milhojas, requiere una mayor elaboración y se prepara mezclando y amasando harina, huevo y mantequilla. Conseguida la masa, se estira, se unta con mantequilla y se vuelve a amasar. La operación se repite varias veces y da lugar a las numerosas hojuelas en que se abre la masa al cocerla.

La masa de bizcocho se prepara con harina, mantequilla y huevo, pero sin agua, lo que da como resultado una masa esponjosa, blanda y delicada en su textura. Es la masa ideal para confeccionar tartas, ya sea de una sola pieza o partida por la mitad y rellena de mermelada, chocolate, nata o crema.

En ocasiones, en los distintos tipos de masa se suele sustituir la harina por otros ingredientes que luego le dan su nombre, como las masas de almendras, de castañas, de arroz, etc., que se hace con las moliendas de tales productos.

De todos modos, los ingredientes básicos de la mayoría de las masas son harina, sémola, levadura, huevos, azúcar, azúcar glaseado, mantequilla, margarina, sal fina, canela, vainilla (en rama y esencia), castañas, almendras (peladas y en polvo), arroz (en grano y en polvo), confituras de albaricoque, naranja, fresas, etc., y jaleas de grosella y de manzana, entre otras.

Una vez preparada la masa, se hace el pastel colocando la masa en el correspondiente molde. En este caso debe tenerse en cuenta que el molde que se elija sea el de tamaño apropiado, es decir, que la masa ocupe la mitad o los dos tercios de su capacidad. Si se utiliza un molde demasiado pequeño, la masa del bizcocho, por ejemplo, subirá hasta reventar o derramarse por arriba, arruinando la presencia del pastel, y si se emplea un molde demasiado grande, el bizcocho se quedará sin subir y se cocerá sin dorarse lo suficiente.

También conviene forrar el molde antes de echar la masa en él. Se trata de barnizar o untar ligeramente su interior con mantequilla, manteca o aceite, a fin de formar una capa de gelatina que evite que la masa del bizcocho se queme o pegue al molde, y facilite después el desmoldeado.

# LOS POSTRES

Aparte de la acertada elección del molde y su correspondiente forrado, la correcta cocción de los distintos pasteles no depende tanto de éstos como de la masa con la que estén hechos, pues ella determina la temperatura idónea. En los hornos eléctricos o de gas, las temperaturas están situadas entre 110 y 300 °C, y sus distintos segmentos de gradación han sustentado las denominaciones domésticas de horno muy suave, 110 °C; suave, 170 °C; medio o mediano, 210 °C; fuerte, 230-250 °C, y muy fuerte, 250-300 °C.

De acuerdo con esto, los bizcochos se cuecen en horno muy suave; los pasteles grandes y los bizcochos con frutas, en horno suave; las pastas arenilla y lionesa, suflés y tartas, en horno mediano; las tartaletas, las tartas de fruta, los brioches, los pastelillos y las magdalenas, en horno fuerte, y la masa de hojaldre y los merengues, en horno muy fuerte.

Otro aspecto importante que conviene tener en cuenta a la hora de confeccionar los pasteles caseros son los utensilios. Éstos sirven tanto para la elaboración propiamente dicha de los distintos pasteles como para darles su forma y carácter. Los utensilios que no deben faltar en una buena cocina figuran una plancha pastelera, un rodillo, una o dos bandejas de hojalata que se ajusten al horno, una ruedecilla de cortar, unas pinzas para marcar los bordes, un vaso graduado de 250 cm³ y una balanza. También son muy útiles una espátula de madera y otra de acero, un mortero con mano de madera, una manga con un juego de boquillas, dos batidoras manuales de alambre y otra eléctrica, un colador chino, un pincel para extender jaleas y mermeladas y otro para pintar al huevo, y un juego de moldes de aluminio u hojalata que incluya una serie de moldes circulares de distintos tamaños, unos de superficie acanalada y otros de superficie lisa, un molde de fondo móvil, tres arandelas para tartas, dos tarteras de fondo fijo, doce pequeños moldes redondos, doce abarquillados y cinco ovalados.

## Los fundamentos del bizcocho

Las galletas y bizcochos son exquisitas masas utilizadas en un gran número de postres y también, solos, para acompañar el desayuno o la merienda.

La galleta, especie de pan ázimo, recocido y de forma plana, vinculado a la alimentación de los marineros, se popularizó a partir del siglo XVIII a través de distintos productos de diferentes formas hechos a base de una pasta de harina, azúcar, mantequilla, huevos y otros ingredientes, que se cuecen al horno.

En la actualidad, existe una gran diversidad de galletas, que se distinguen por su forma, su decoración, su sabor o por el relleno que puedan llevar. Para elaborar unas galletas, los ingredientes son harina de trigo o arroz, leche, huevos, mantequilla, azúcar y distintas clases de frutos (nueces, almendras, avellanas, castañas, piñones, maníes, etc.), confituras, jaleas, licores, chocolate, café, vainilla, anís, canela, etc. Los ingredientes elegidos se mezclan hasta obtener una masa casi líquida que, vertiéndola en pequeños moldes, se pone a cocer a horno medio. Una vez cocidas, las galletas se sacan y se dejan enfriar. Se pueden comer solas tal como salen del horno, o bien decorarlas o rellenarlas con frutas confitadas, cremas, chocolate, dulces, etc.

Originariamente, el bizcocho y la galleta eran una misma cosa. El *bis coctum* (que significa «cocido dos veces») era una especie de pan sin levadura que se metía en el horno dos veces, para que se conservara durante largos períodos, del mismo modo que las galletas. Si bien los ingredientes básicos son los mismos, el bizcocho difiere de la galleta en su forma y su sabor finales. La pasta básica del bizcocho se realiza con harina candeal, huevos y azúcar, y su consistencia, una vez horneada, la hace particularmente idónea para la confección de tartas y pasteles. En estos casos, admite perfectamente rellenos de distinta naturaleza (frutas confitadas, mermeladas, nata, cremas, chocolate) o el añadido de diversas esencias o licores. En este sentido, el bizcocho borracho, que se embebe con un licor o almíbar, es uno de los ejemplos más típicos y exquisitos. El bizcocho, además, puede hacerse con pasta de espuma, cuyos ingredientes son huevos, azúcar, limón y fécula de patata, o bien con pasta de manteca, en cuya composición intervienen manteca de cerdo, huevos y azúcar.

## La tarta, la señora de la fiesta

La tarta se confecciona a partir de una masa hecha con harina flor, huevos, mantequilla y leche, que se cuece en horno suave o mediano. Sus formas son diversas, de modo que hay tartas redondas, cuadradas, rectangulares y hasta con forma de corazón, como las que se hacen para la festividad de San Valentín, en la que se festeja el día de los enamorados. También hay tartas de uno o más pisos.

Las tartas constituyen un preparado que, además de las numerosas formas con que puede presentarse, admite una gran variedad de rellenos y decoraciones, en la que entran desde frutas frescas, secas o confitadas, hasta chocolate, nata y mermeladas. Por esta razón, la tarta es el pastel omnipresente en los grandes acontecimientos familiares. En este sentido,

# Los Postres

la más popular de las tartas probablemente es la de bodas, que se hace de varios pisos y se remata con la clásica parejita de novios. También son muy populares las tartas de primera comunión y de cumpleaños, que van adornadas con un niño o niña con el traje típico o con tantas velitas como años tenga la persona homenajeada cuando es joven, y sólo una simbólica cuando es mayor.

## La apetecible frescura de los helados

Una vez descubierta la forma de fabricar artificialmente el hielo y aplicada la energía eléctrica a la industria frigorífica, los helados se popularizaron como excelentes postres hasta formar parte natural de la cultura gastronómica. Cualquiera sea la estación del año, los postres helados pueden estar presentes en cualquier comida y de modo especial en aquellas cuyas características pueden exigir una ayuda digestiva. Asimismo, la tecnología de los frigoríficos domésticos permite en la actualidad elaborar helados caseros, con todas las ventajas en cuanto a gustos y variantes que ello implica, con una calidad y una textura asombrosas. La mayoría de las frutas, el chocolate, la vainilla, las cremas, la nata, etc., sabiamente combinados con agua, leche, zumos, licores, etc., son los ingredientes que intervienen en los más diversos y exquisitos helados, que, además, se pueden acompañar con una gran variedad de salsas apropiadas y que tienden a realzar sus sabores y colores.

Una interesante variante de los helados la constituyen los sorbetes. En realidad, se trata del precedente más antiguo del helado. Su mismo nombre deriva de la palabra caldea *suripu*, que significa «hielo» y que se relaciona con el verbo árabe *sarib*, «beber». Siguiendo este hilo conductor, llegamos a *sarab*, «bebida», que origina en el francés *sirop*, bebida dulce o almibarada, y en el castellano las voces «jarabe» y «sorbete»; también de la misma voz árabe proceden las palabras inglesas *sherbet*, las francesa y alemana *sorbet*, y la italiana *sorbetto*, para designar esa bebida fría o congelada que se sirve habitualmente como postre.

La preparación doméstica del sorbete, con ser tan sencilla como la del helado, requiere seguir correctamente ciertos pasos para lograr un producto bien acabado y equilibrado en sus sabores y aromas. En primer lugar, debe tenerse en cuenta que la elección de las frutas, que terminarán por dar el nombre y el sabor predominante del sorbete, debe realizarse con criterio, pues no todas responden del mismo modo a la elaboración del sorbete. En este sentido, las frutas más indicadas para un exquisito sorbete son mandarina, naranja, limón, albaricoque, plátano, cereza, fresa, melón, melocotón y ciruela. También el café es un ingrediente particularmente idóneo para hacer este postre helado.

En segundo lugar, debe cuidarse mucho la elaboración del jarabe, teniendo muy en cuenta que la cantidad de azúcar que se le echa ha de estar en relación con el dulzor de la fruta que se emplee. De todos modos, la proporción de azúcar oscila entre los 400 y 500 g por cada litro de agua.

En tercer lugar, ha de cuidarse la correcta maceración de las frutas en el jarabe. Las frutas deben echarse en el jarabe tibio y mantenerlas durante dos o tres horas, para que sus jugos se mezclen con el jarabe y éste penetre en las frutas. Conseguido este propósito, se añaden los colorantes vegetales y demás ingredientes que determinarán su color y las sutilezas del sabor, razón por la cual debe tratarse de que sean afines a la fruta empleada.

Una vez realizada esta operación, se cuela la preparación y se coloca en una sorbetera para su congelación. Es frecuente que los sorbetes de limón o de naranja se sirvan dentro de la piel de las mismas frutas, vaciada de su pulpa, lo cual le da un agradable toque natural. La preparación del granizado es similar a la del sorbete, pero al presentarse menos congelado que éste, se puede beber como un refresco.

# Los Postres

LOS POSTRES

## *Melocotones Melba*

*Tiempo de preparación: 45 minutos* • *Dificultad de preparación: baja*

Ingredientes para 4 personas

• *2 melocotones maduros y fuertes* • *400 g de frambuesas* • *250 g de helado de vainilla* • *1 limón* • *1/4 l de agua* • *2 cucharaditas de vainilla azucarada* • *100 g de azúcar lustre* • *0,2 dl de licor de frambuesas* • *nata montada*

**Preparación:**
1. Lavar los melocotones, pincharlos con un tenedor y escaldarlos en agua hirviendo durante 2 minutos; sacarlos y enfriarlos bajo el chorro del grifo.
2. Pelar los melocotones, partirlos por la mitad, quitarles el hueso e introducirlos otra vez en el agua hirviendo añadiendo el azúcar y la vainilla azucarada; tapar el recipiente y cocer a fuego suave unos 10 minutos.
3. Lavar y escurrir las frambuesas; cocerlas en un cazo tapado y en su propio jugo, a fuego suave durante unos 5 minutos; añadir al final, o antes si es necesario, un poco de agua y remover bien.
4. Escurrir los melocotones y dejarlos enfriar a temperatura ambiente.
5. Enfriar 4 copas o platos de servicio en la heladera o en el congelador.
6. Tamizar muy finas las frambuesas, añadir a esta crema el licor y 1 cucharadita de jugo de limón y mezclar.
7. Poner en cada recipiente una porción de helado y medio melocotón, cubrir con la crema de frambuesas, fría o caliente, y adornar, si se desea, con nata. Servir.

## Los Postres

# Copa de frutas al champán

*Tiempo de preparación: 15 minutos* • *Dificultad de preparación: media*

*Ingredientes para 6 personas*

- *250 g de plátanos* - *250 g de piña* - *250 g de melocotones* - *250 g de manzanas*
- *200 g de fresas* - *1 naranja* - *1 limón* - *esencia de naranja* - *esencia de limón*
- *3 copitas de kirsch* - *1 botella de champán seco, muy frío* - *6 cucharaditas de azúcar*

**Preparación:**

**1.** Lavar las frutas y, salvo las fresas, pelarlas y cortarlas en trocitos.
**2.** Humedecer 3 cucharaditas de azúcar con esencia de limón, y las otras 3 con esencia de naranja.
**3.** Exprimir la naranja y medio limón; añadir los jugos y el kirsch al azúcar esenciado y remover hasta disolverlo.
**4.** Mezclar las frutas y el jugo en un bol o ponchera e introducirlo todo en el refrigerador.
**5.** Añadir el champán, sin llegar a cubrir las frutas, en el momento de servir.

**LOS POSTRES**

# *Apfelstrudel*

*Tiempo de preparación: 1 hora y 30 minutos* • *Dificultad de preparación: alta*

*Ingredientes para 6 personas*

### Masa

- 250 g de harina
- 2 huevos
- 50 g de mantequilla
- 1,2 dl de agua
- sal

### Relleno

- 700 g de manzanas
- 80 g de azúcar
- 50 g de almendras o avellanas
- 50 g de pasas sultanas
- jugo de 1/2 limón
- una pizca de canela

**Preparación:**
1. Lavar, mondar y cortar a trocitos las manzanas; pelar y triturar las almendras o avellanas; reservar.
2. Poner en un bol los ingredientes de la masa, menos la mantequilla y 1 huevo; trabajarla con una cuchara de madera.
3. Derretir la mantequilla y añadirla poco a poco; dejar reposar la pasta unos 30 minutos.
4. Enharinar un trapo de cocina, poner sobre él la masa y extenderla con un rodillo (puede hacerse en 2 porciones); untarla con mantequilla.
5. Mezclar los ingredientes del relleno formando una pasta; ponerlo sobre la masa, doblar sus lados y enrollar.
6. Batir la yema de un huevo y pintar con ella la masa enrollada; untarla con mantequilla y cocerla al horno calentado a 200 °C, unos 45 minutos.

LOS POSTRES

# Mousse de chocolate

*Tiempo de preparación: 3 horas y 35 minutos* • *Dificultad de preparación: media*

*Ingredientes para 4 personas*

- 100 g de chocolate amargo • 2 huevos • 1 cucharada de mantequilla
- 1,2 dl de crema de leche espesa • 1 cucharada de azúcar lustre
- 1 cucharada de azúcar • sal

**Preparación:**

1. Trocear el chocolate y colocarlo en un cazo con la mantequilla. Poner el cazo a baño María con el agua en ebullición y a fuego suave, removiendo de tanto en tanto con una cuchara de madera hasta que se forme una crema.
2. Batir las yemas de los huevos con el azúcar hasta formar una crema espumosa.
3. Luego, batir las claras con una pizca de sal a punto de nieve fuerte.
4. Batir la crema de leche con el azúcar lustre.
5. Mezclar el chocolate con las yemas batidas.
6. Mezclar las claras con la crema y añadir al chocolate.
7. Enfriar ligeramente 4 copas, poner en ellas la «mousse» e introducirlas en la heladera unas 3 horas hasta que cuajen.

## LOS POSTRES

## Torta de ricotta con frutas

*Tiempo de preparación: 55 minutos* ● *Dificultad de preparación: media*

*Ingredientes para 6 personas*

● 500 g de queso blanco ● 60 g de harina ● 100 g de azúcar ● 50 g de pasas de Corinto ● 100 g de fruta confitada (más 200 g para el adorno) ● 4 huevos ● 1 limón

**Preparación:**
1. Cortar la fruta confitada en trocitos; lavar las pasas y rallar la piel del limón. Reservar fruta confitada para el final.
2. Poner en un bol el queso blanco y añadir las yemas de los 4 huevos, la harina, el azúcar, las pasas de Corinto y la fruta confitada.
3. Batir 2 claras de huevo a punto de nieve fuerte y mezclarlas con la preparación anterior.
4. Ponerlo todo en un molde de bizcocho untado con mantequilla e introducirlo en un horno calentado a 180 °C, durante unos 30 minutos.
5. Dejar reposar unos 10 minutos antes de desmoldear.
6. Poner encima de la torta fruta confitada.

## Los Postres

# Budín de pan con pasas

*Tiempo de preparación: 50 minutos • Dificultad de preparación: baja*

*Ingredientes para 4 personas*

• 4 huevos • 100 g de pasas • 100 g de miga de pan rallado • 1/4 de l de leche • 3 cucharadas de mantequilla • canela en polvo • 150 g de azúcar

**Preparación:**
1. Retirar 2 cucharadas de azúcar y reservarlas
2. Poner las pasas en remojo con agua tibia.
3. En un recipiente hondo, poner la miga de pan, la leche, los huevos, una pizca de canela, el azúcar y las pasas escurridas. Mezclar bien todo durante unos minutos.
4. Untar una fuente refractaria con la mantequilla, espolvorearla con 2 cucharadas de azúcar e incorporar seguidamente la mezcla de los ingredientes.
5. Introducir la fuente en el horno y mantenerla hasta que la torta esté dorada en la superficie.
6. Dejar enfriar y desmoldear. Servir la torta cortada en forma de triángulos.

# Tirami su

*Tiempo de preparación: 30 minutos* • *Dificultad de preparación: alta*

*Ingredientes para 8 personas*

- 1 bizcocho rectangular del tamaño del molde que se vaya a usar • 24 bizcochos de soletilla
- 2 vasos de café expreso • 4 huevos • 100 g de azúcar • 100 g de cacao amargo
- 600 g de queso Mascarpone o de crema • 1 vaso de grappa • sal

**Preparación:**
1. Batir las yemas de los huevos con el azúcar hasta lograr una crema espumosa.
2. Batir las claras con una pizca de sal a punto de nieve.
3. Mezclar el queso, las yemas y un poquito de grappa; añadir las claras, mezclar y reservar.
4. Mezclar en un cuenco el café y el resto de la grappa; rociar con esta mezcla el bizcocho y los bizcochos de soletilla.
5. Poner el bizcocho en el molde, espolvorearlo con el cacao y agregarle parte de la crema de queso extendiéndola para disponer sobre ella los bizcochos de soletilla, otra capa más de crema espolvoreada con cacao, y así hasta llenar el molde; enfriar en la heladera durante 3 horas antes de servir.

## LOS POSTRES

# Sacher

*Tiempo de preparación: 1 hora y 30 minutos • Dificultad de preparación: alta*

*Ingredientes para 10 personas*

- 225 g de chocolate • 6 huevos • 150 g de mantequilla • 150 g de azúcar glas
- 125 g de azúcar • 125 g de harina tamizada • 75 g de mermelada de albaricoque
- 1 cucharada de azúcar a la vainilla • 1 cucharada de ron • aceite de oliva refinado

**Preparación:**

1. Derretir al baño María unos 150 g de chocolate con una cucharada de agua y un poco de mantequilla; sacarlo del fuego y añadirle el ron.
2. Batir la mantequilla con una batidora de mano hasta que quede suave; añadirle unos 125 g de azúcar glas y continuar batiendo hasta hacer una crema espumosa.
3. Agregar las yemas de los huevos y el chocolate templado.
4. Batir a punto de nieve las claras, añadirles el resto del azúcar glas y el azúcar a la vainilla; agregar a la crema de chocolate en cucharadas alternadas con otras de harina y mezclar.
5. Untar con mantequilla un molde de unos 25 cm de diámetro, rellenarlo con la pasta preparada y ponerlo al horno calentado a 180 °C dejándolo cocer aproximadamente 1 hora o hasta que haya subido de forma uniforme.
6. Sacar la tarta del horno, mantenerla en el molde durante unos 5 minutos y después dejarla enfriar sobre una rejilla.
7. Calentar en un cazo pequeño y a fuego suave la mermelada de albaricoque, colarla y untar toda la tarta con ella.
8. Enseguida derretir a baño María el resto del chocolate.
9. Hervir en otro cazo el resto del azúcar glas en 4 cucharadas de agua durante 1 minuto; mezclar el almíbar tibio con el chocolate fundido y unas gotas de aceite de oliva.
10. Cubrir la tarta con esta mezcla mediante una espátula mojada en agua caliente; dejar enfriar a temperatura ambiente y servir.

LOS POSTRES

23

## Los Postres

# Perrunillas

*Tiempo de preparación: 50 minutos* • *Dificultad de preparación: media*

*Ingredientes para 4 personas*

• harina • 6 huevos • 600 g de azúcar • 1 copa de aguardiente • 400 g de manteca
• 1 cucharada de canela en polvo

**Preparación:**
1. Batir fuertemente la manteca en un recipiente hondo; añadir las yemas de los huevos, el aguardiente, el azúcar, la canela y, finalmente, la harina en forma de lluvia; seguir mezclando y batiendo todos los ingredientes hasta obtener una masa suave y blanda.
2. Formar las perrunillas con las manos espolvoreadas con harina. A continuación, disponerlas en una placa de pastelería enmantecada.
3. Batir las claras de huevo a punto de nieve y poner una cucharada sobre cada perrunilla.
4. Introducir la placa en el horno, y retirarla cuando las perrunillas estén doradas.
5. Servir frías.

**LOS POSTRES**

# Queque

*Tiempo de preparación: 1 hora • Dificultad de preparación: media*

*Ingredientes para 4 personas*

- *200 g de harina de trigo* • *100 g de fécula de maíz* • *2 cucharaditas de polvo de hornear*
- *2 huevos* • *2 naranjas* • *sal* • *100 g de mantequilla* • *250 g de azúcar*

**Preparación:**
1. Exprimir las naranjas y rallar una cáscara.
2. Batir las yemas de huevo con el azúcar hasta tener una pasta cremosa; añadir la mantequilla y mezclar.
3. Mezclar y añadir la harina de trigo, el polvo de hornear y la fécula de maíz alternando con el jugo de naranja; agregar una pulgarada de ralladuras de cáscara de naranja.
4. Batir las claras a punto de nieve y añadir a la masa; batir enérgicamente hasta conseguir una pasta espesa.
5. Enmantecar y enharinar un molde y vaciar en él la pasta; hornear a temperatura moderada unos 40 minutos.
6. Finalmente dejar enfriar, enseguida desmoldear y servir.

Los Postres

# Natillas castellanas

*Tiempo de preparación: 50 minutos • Dificultad de preparación: media*

*Ingredientes para 4 personas*

- 1 l de leche  • 6 yemas de huevo  • 1 cucharada de harina  • 4 cucharadas de azúcar
- 2 ramas de canela

**Preparación:**
1. Cocer la leche junto con la canela. Colarla y dejarla enfriar.
2. En una cazuela, poner las yemas de huevo, el azúcar y la harina. A continuación mezclar y agregar la leche ya fría.
3. Poner la cazuela sobre el fuego y remover continuamente hasta que rompa a hervir.
4. En ese momento, bajar el fuego y, sin dejar de remover, mantener durante 5 minutos, aproximadamente.
5. Finalmente, retirar el cazo del fuego, verter las natillas en una fuente de postre y dejar hasta que se enfríe.
6. Estas natillas pueden servirse espolvoreadas con canela.

## Los Postres

## *Suflé royal*

Tiempo de preparación: 40 minutos • Dificultad de preparación: alta

### Ingredientes para 4 personas

- 150 g de harina tamizada • 200 g de mantequilla • 100 g de azúcar • 1/2 l de leche
- 10 huevos • esencia de vainilla • ron • sal

**Preparación:**

1. Fundir en una cacerola la mantequilla; añadir la harina y cocer durante unos 3 minutos.
2. Azucarar y perfumar con vainilla la leche y añadirla a la cacerola; agregar 6 yemas de huevo, mezclar y pasar por un colador chino.
3. Batir 10 claras de huevo a punto de nieve fuerte, añadiéndoles azúcar y una pizca de sal; añadir a la preparación anterior y mezclar muy bien.
4. Untar 4 moldes de 12 × 6 cm con mantequilla y espolvorearlos con azúcar.
5. Depositar en los moldes la preparación; cocer a horno suave, espolvoreando con azúcar 3 o 4 veces durante la cocción.

## Los Postres

# Pastel de cabello de ángel cordobés

Tiempo de preparación: 1 hora y 10 minutos • Dificultad de preparación: alta

### Ingredientes para 4 personas

- 400 g de harina • 50 g de manteca de cerdo • 200 g de mantequilla • 2 huevos
- 400 g de cabello de ángel • 1 vaso de agua • canela • azúcar • vinagre • sal

**Preparación:**
1. Mezclar la harina con el agua, la manteca, un poco de sal y un chorrito de vinagre; amasar bien hasta conseguir una pasta homogénea.
2. Enseguida dejar reposar un rato, estirar la masa con el rodillo enharinado, untar la masa con la mantequilla blanda.
3. Doblar la masa seis veces (como para hacer el hojaldre) y partirla por la mitad.
4. Estirar cada mitad, dándole la misma forma redonda.
5. Cubrir una mitad con cabello de ángel, tapar con la otra mitad.
6. Pintar los extremos con huevo batido y cerrar las dos capas dándoles forma de trenza.
7. Ponerlo en el horno a temperatura alta por 30 o 35 minutos.
8. Una vez cocido, pintar toda la superficie con huevo batido y espolvorear con azúcar y canela.
9. Volver a introducir unos instantes el pastel en el horno ya apagado.
10. Servir caliente o frío.

## LOS POSTRES

# *Charlota*

*Tiempo de preparación: 1 hora* • *Dificultad de preparación: alta*

*Ingredientes para 6 personas*

• *7,5 dl de nata líquida* • *2,5 dl de leche* • *6 huevos* • *200 g de azúcar glas*
• *6 hojas de gelatina transparente* • *1 sobre de vainilla azucarada*

**Preparación:**
1. Mezclar en un cazo 100 g de azúcar glas con 6 yemas de huevo; cocer a baño María, removiendo hasta que espume y forme una crema.
2. Enseguida poner a remojo en agua fría las hojas de gelatina.
3. Calentar en otro cazo la leche; escurrir la gelatina y disolverla en la leche, remover y añadir la crema de huevo y la vainilla azucarada.
4. Poner el cazo al fuego y continuar removiendo con la batidora manual; retirar antes de que hierva, y dejar enfriar, removiendo de vez en cuando.
5. Batir con la batidora eléctrica la nata hasta el punto de nieve; añadir el resto del azúcar glas y mezclar con la crema fría.
6. Verter el preparado en un molde y ponerlo en la heladera durante unas 6 horas.
7. Desmoldear pasando rápidamente el molde por agua caliente; poner sobre una fuente y decorar al gusto.

# Los Postres

## LOS POSTRES

# *Tarta Tatin*

*Tiempo de preparación: 1 hora y 40 minutos* • *Dificultad de preparación: alta*

*Ingredientes para 6 personas*

• *1,5 kg de manzanas Delicias* • *100 g de azúcar* • *100 g de mantequilla* • *nata montada*

*Pasta brisa*

• *150 g de harina* • *75 g mantequilla* • *60 g de azúcar* • *1 huevo* • *sal*

**Preparación:**
1. Poner sobre la mesa la harina formando un círculo y agregar en su centro el azúcar, la mantequilla y una pizca de sal; trabajar hasta que esté todo bien ligado, prensando la masa tres veces con la palma de la mano y formando una bola; enharinar y dejar reposar unos 20 minutos.
2. Depositar la mantequilla en un molde de unos 22 cm de diámetro y ponerla a fuego suave; añadirle 3 cucharadas de azúcar; retirar del fuego una vez fundido el azúcar.
3. Pelar y cortar a cuartos las manzanas; colocarlas en el molde espolvoreándolas con el resto del azúcar y ponerlas a fuego muy suave; cocerlas durante 1 hora hasta que tengan un color caramelo oscuro; retirar del fuego y dejar enfriar.
4. Estirar con el rodillo la pasta brisa, ponerla sobre la tarta introduciéndola por el contorno del molde hacia el fondo y pintar con yema de huevo; ponerla en el horno, calentado a unos 180 °C, y dejarla cocer unos 25 minutos.
5. Desmoldear en caliente y servir con nata montada.

## Los Postres

## *Leche frita*

*Tiempo de preparación: 1 hora* • *Dificultad de preparación: baja*

Ingredientes para 4 personas

- 3/4 de l de leche • 2 huevos • harina • 6 cucharadas de azúcar • 8 cucharadas de sémola • vainilla • 1 corteza de limón

**Preparación:**
1. Poner en un cazo la leche con el azúcar, la corteza de limón y un poco de vainilla.
2. Cuando dé el primer hervor, añadir poco a poco la sémola, removiendo continuamente, y dejar sobre fuego lento unos 15 minutos, vigilando no desborde en ningún momento el cazo.
3. Seguidamente hay que verter este preparado en una fuente, dejar enfriar y cortar la masa a cuadrados iguales.
4. Finalmente rebozar los cuadraditos con harina y huevo batido y, después, con harina. Freírlos en una sartén con aceite hirviendo y espolvorearlos con azúcar.

LOS POSTRES

# Flan de chocolate

*Tiempo de preparación: 35 minutos* • *Dificultad de preparación: baja*

*Ingredientes para 6 personas*

• *1 l de leche* • *4 barritas de chocolate amargo* • *200 g de azúcar* • *80 g de fécula de maíz* • *100 g de crema chantilly*

**Preparación:**
1. Cortar en trozos el chocolate y fundirlo al baño María.
2. Entibiar la leche en un recipiente y añadirle la fécula y el azúcar mezclados y el chocolate derretido.
3. Poner a fuego suave y dejar hervir unos 3 minutos, sin parar de remover.
4. Enseguida fundir azúcar a punto de caramelo y untar la budinera; poner en ella el flan, introducirlo en la heladera y dejarlo unas 2 horas hasta que cuaje.
5. Finalmente sacar de la budinera y servir el flan en copas o en platos acompañado de crema chantilly.

LOS POSTRES

# Borrachos

*Tiempo de preparación: 50 minutos* • *Dificultad de preparación: media*

*Ingredientes para 4 personas*

• *150 g de harina* • *3 huevos* • *1/4 de kg de azúcar* • *1 copita de manzanilla* • *canela en polvo*

**Preparación:**
1. Primeramente se procede a separar las yemas de las claras de huevo.
2. Batir a punto de nieve las claras en un recipiente hondo.
3. Enseguida, aparte, batir las yemas con 5 cucharadas de azúcar.
4. Añadir las yemas batidas a las claras y echar la harina poco a poco.
5. Mezclar continuamente hasta que quede una pasta lisa.
6. En un molde para bizcochos, verter la mezcla anterior y cocerla a horno moderado.
7. Mientras, preparar un almíbar en un puchero pequeño con el resto del azúcar, la copa de manzanilla y un poco de agua.
8. Cuando el bizcocho esté en su punto, dejarlo enfriar, desmoldearlo y cortarlo en cuadrados de unos 4 cm de lado.
9. Mojar los bizcochos en el almíbar y espolvorearlos con canela en polvo.
10. Disponerlos en una fuente de cristal.

## LOS POSTRES

## *Sorbete de té*

*Tiempo de preparación: 2 horas* ● *Dificultad de preparación: baja*

*Ingredientes para 6 personas*

● 1/2 l de té fuerte ● 1 vaina de vainilla ● 750 g de azúcar ● 2 naranjas ● 1 limón
● 35 dl de agua ● 1 copa de chu-yeh-ching (aguardiente de bambú) o ron

**Preparación:**
1. Disolver en el agua el azúcar con un trocito de la vaina de vainilla; hervir unos 10 minutos.
2. Exprimir las naranjas y el limón; picar finas las pieles.
3. Añadir al almíbar las pieles de naranja y limón picadas; dejar enfriar y colar.
4. Mezclar el té con los jugos de naranja y limón, el almíbar y el chu-yeh-ching, o bien el ron; poner en el congelador hasta que se solidifique.
5. Pasar por la batidora eléctrica; dejar 30 minutos más en el congelador y batir nuevamente. Repetir la operación dos veces más cada 30 minutos y dejar en el congelador hasta el momento de servir.

**Los Postres**

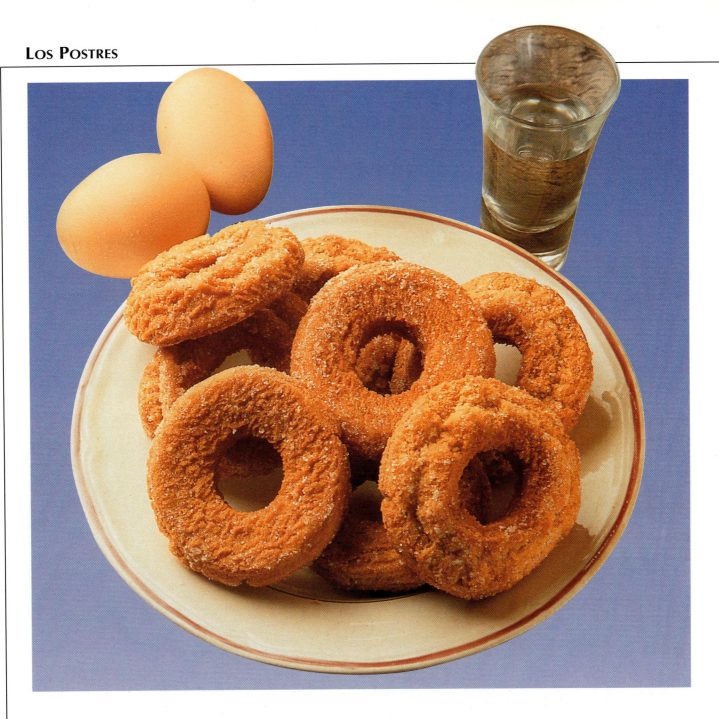

## Rosquillas castellanas

*Tiempo de preparación: 25 minutos • Dificultad de preparación: baja*

### Ingredientes para 4 personas

• 3 huevos • 10 cucharadas de aceite y aceite suficiente para freír • 1 copita de anís • 1 cucharada de manteca • 150 g de azúcar • una pizca de sal • harina

**Preparación:**

**1.** En un recipiente hondo, mezclar todos los ingredientes, excepto la harina.
**2.** Cuando estén bien mezclados, añadir poco a poco harina, hasta lograr que la masa se despegue del recipiente.
**3.** Aplanar la masa resultante con un rodillo y cortarla en tiras de un centímetro de ancho y de unos siete de largo.
**4.** Una vez cortadas las tiras, formar con ellas unas especies de corbatas o arandelas enganchando las puntas.
**5.** En una sartén con aceite abundante e hirviendo, ir friendo las rosquillas en tandas de tres o cuatro unidades, girándolas.
**6.** Una vez doradas las rosquillas, sacarlas de la sartén y disponerlas en una fuente espolvoreándolas con azúcar.

## Los Postres

# Crema de limón

*Tiempo de preparación: 35 minutos • Dificultad de preparación: media*

*Ingredientes para 4 personas*

- 1,2 dl de crema de leche • 100 g de azúcar • 3 hojas de gelatina incolora • 3 huevos • 1 limón
- 50 g de limón confitado • sal

**Preparación:**
1. Ablandar la gelatina en agua fría; reservar.
2. Batir las yemas de los huevos con el azúcar hasta que tengan una consistencia espumosa y clara.
3. Exprimir 1 limón y rallar su piel.
4. Añadir la crema de leche y la ralladura de limón a la crema de yemas; ponerla a baño María, dejando hervir suave el agua y removiendo hasta que espese.
5. Calentar el jugo de limón en un cazo; disolver en él la gelatina exprimida y tamizarla; dejar enfriar y agregar a la crema de yemas.
6. Batir las claras de huevo con una pizca de sal a punto de nieve; añadirlas a la crema de limón.
7. Verter la crema en 4 copas u otros recipientes enfriados con agua y poner en la heladera unas 2 horas hasta que cuajen.
8. Cortar el limón confitado en trocitos y espolvorearlos sobre cada copa en el momento de servir.

## Los Postres

# Budín de Navidad

*Tiempo de preparación: 8 horas* • *Dificultad de preparación: alta*

*Ingredientes para 4 personas*

- 150 g de harina • 200 g de pan rallado • 300 g de grasa de riñón • 250 g de azúcar moreno • 250 g de pasas de Corinto • 250 g de pasas de Esmirna • 3 limones • 60 g de piel de limón confitada • 4 huevos • 1 dl de leche • 0,5 dl de brandy • 1 vasito de ron • 3 g de especias • nuez moscada • sal

**Preparación:**

**1.** Rallar unos 60 g de piel de limón; lavar las pasas y cortar en trocitos la piel de limón confitada y la grasa de riñón.

**2.** Poner en un cuenco grande la harina, el pan rallado, la grasa, el azúcar y una pizca de sal; mezclar bien.

**3.** Batir los huevos en la leche y añadir a la mezcla anterior junto con las especias, una ralladura de nuez moscada y las uvas pasas; dejar reposar unas 12 horas.

**4.** Agregar el brandy y ponerlo todo en una budinera; cubrir con un trapo enharinado.

**5.** Cocer a baño María y a fuego suave de 6 a 7 horas.

**6.** Desmoldear en una fuente y acompañar de una salsa de mantequilla fundida o espolvorearlo con unas cucharadas de azúcar; rociar con ron, flamear y servir.

# LOS POSTRES

39

**Los Postres**

# Torrijas

*Tiempo de preparación: 35 minutos • Dificultad de preparación: baja*

*Ingredientes para 4 personas*

- 1 barra de pan del día anterior • 3 dl de leche fresca • 3 huevos frescos • 1 rama de canela
- ralladura de limón • 3 dl de aceite • 100 g de azúcar • azúcar glas

**Preparación:**

1. Primeramente cortar el pan en rebanadas un poco gruesas.
2. En un cazo, calentar la leche con la canela, el azúcar y la raspadura de limón. Dejar hervir unos minutos, retirar y dejar enfriar.
3. Batir los huevos como para tortilla, pasar las rebanadas de pan por la leche azucarada, escurrirlas y pasarlas luego por los huevos batidos.
4. Tener preparada en el fuego una sartén con aceite caliente. Freír las torrijas, dejándolas doradas por los dos lados. Escurrir bien.
5. Pasarlas por un plato que contenga azúcar glas. Servir.

**LOS POSTRES**

# *Flan de maracuyá con leche*

*Tiempo de preparación: 20 minutos* • *Dificultad de preparación: baja*

*Ingredientes para 4 personas*

• 6 maracuyaes • 1 1/2 tazas de leche • 4 cucharadas de fécula de maíz • 2 huevos • 2 cucharaditas de licor de maracuyá • 6 cucharadas de azúcar

**Preparación:**
1. Exprimir los maracuyaes; rallar la cáscara de uno.
2. Disolver el azúcar en la leche y hervir.
3. Disolver la fécula de maíz en un poquito de agua y añadir a la leche junto con una pulgarada de ralladura, revolviendo constantemente durante 3 minutos; retirar y dejar reposar 5 minutos.
4. Mezclar las yemas de los huevos con el jugo de los maracuyaes y agregar a la leche, revolviendo con energía; cocer hasta que inicie el hervor y retirar.
5. Añadir el licor, revolver y verter en copas o platos; enfriar en la heladera durante 2 horas.
6. Suele decorarse con un poquito de mermelada de la misma fruta.

41

## LOS POSTRES

# Magdalenas

*Tiempo de preparación: 30 minutos • Dificultad de preparación: media*

*Ingredientes para 4 personas*

- *200 g de harina* - *200 g de huevos* - *200 g de azúcar* - *5 cucharadas de mantequilla* - *150 g de manteca bien blanca*

**Preparación:**
1. Derretir la mantequilla al calor de la lumbre.
2. En un recipiente hondo, poner los huevos y batirlos con fuerza durante un buen rato. A continuación añadir la manteca, el azúcar y seguir batiendo.
3. Añadir a la mezcla anterior sin dejar de batir, la mantequilla y la harina. Mezclar hasta lograr una pasta homogénea.
4. Rellenar con la mezcla unos moldes especiales de papel para magdalenas pero no del todo, para que no sobrepasen del filo del molde al subir la masa en el momento de la cocción.
5. Disponer las magdalenas en una placa de hornear para pastelería y cocerlas hasta que la superficie quede dorada.
6. Retirar del horno, dejar enfriar y servir.

LOS POSTRES

# Casabe

*Tiempo de preparación: 30 minutos* • *Dificultad de preparación: baja*

*Ingredientes para 6 personas*

• *1,25 litros de leche* • *150 g de harina de maíz* • *2 huevos* • *1 cucharadita de esencia de vainilla*
• *2 rajitas de canela* • *200 g de azúcar*

**Preparación:**
1. En primer lugar cocer 1 litro de leche con el azúcar, la canela y la vainilla, removiendo con una cuchara de madera de tanto en tanto, hasta que suelte el hervor.
2. Disolver la harina de maíz en el resto de la leche y añadir a la cazuela; remover constantemente hasta que forme una crema y retirar del fuego.
3. Batir las yemas de los huevos y mezclar con la crema, removiendo rápidamente.
4. Poner en una fuente y dejar enfriar; cortar en cuadrados y servir.

LOS POSTRES

# Huesos de santo

*Tiempo de preparación: 55 minutos • Dificultad de preparación: alta*

### Ingredientes para 4 personas

- 250 g de almendras tostadas • 250 g de azúcar • 1 vaso pequeño de agua • 2 claras de huevo
- 1 limón • 3 cucharadas de azúcar para glasear • miel

**Preparación:**
1. Exprimir el limón y conservar el zumo.
2. En un mortero, machacar las almendras desprovistas de su cáscara hasta convertirlas en harina.
3. En un cazo con el vaso de agua, el azúcar y unas gotas de limón, formar un almíbar dejando el cazo a fuego lento.
4. Añadir al almíbar las almendras y las claras de huevo y dejar a fuego lento unos 5 minutos removiendo continuamente.
5. Espolvorear la mesa o el mármol de cocina con azúcar para glasear y extender encima la masa.
6. Dejarla enfriar y cortarla en tiras de unos 6 cm de longitud por 4 cm de anchura.
7. Enrollar los rectángulos de masa en un canuto para pastelería.
8. Disponer los rollos en una fuente y llevarla al horno durante unos minutos, hasta que la masa quede compacta, tostada y bien enrollada en los tubos.
9. Rellenarlos con un poco de miel. En vez de rellenarlos, puede también untarse la superficie con la misma miel.

LOS POSTRES

## Crema de mango con chocolate

*Tiempo de preparación: 40 minutos* ● *Dificultad de preparación: baja*

*Ingredientes para 4 personas*

● 6 mangos maduros ● 4 huevos ● 4 cucharadas de chocolate rallado ● 2,5 dl de nata ● 4 cucharadas de jugo de limón ● sal ● 200 g de azúcar

**Preparación:**
1. Pelar y quitar el hueso a los mangos; trocear la pulpa de 3 de ellos.
2. Triturar el resto de la pulpa junto con el jugo de limón y unos 150 g de azúcar.
3. Batir las claras de los huevos a punto de nieve con una pizca de sal y el resto del azúcar.
4. Batir la nata, añadir al merengue y batir; añadir al puré de mangos y batir.
5. Agregar la pulpa troceada, mezclar y enfriar en la nevera durante 30 minutos.
6. Finalmente poner este preparado en copas, adornar con ralladuras de chocolate y enseguida servir.

## Los Postres

# Tarta de albaricoque al marsala

Tiempo de preparación: 1 hora y 40 minutos • Dificultad de preparación: alta

### Ingredientes para 6 personas

- 700 g de albaricoques • 60 g de azúcar • 1 dl de marsala • 1 limón • 3 hojas de gelatina
- 2 huevos • 3 cucharadas de mermelada de albaricoque • 1 cucharada de almendras fileteadas
- 100 g de nata montada

### Pasta

- 120 g de harina • 75 g de mantequilla • 60 g de azúcar • 3 huevos • 1 cucharadita de levadura

**Preparación:**

1. Primeramente tamizar la harina y mezclarla con la levadura.
2. Batir 3 yemas de huevo con el azúcar hasta que tenga una consistencia cremosa; batir las claras de huevo a punto de nieve.
3. Añadir, alternándolas, las yemas y las claras a la harina; remover formando una pasta suave.
4. Untar con mantequilla un molde desmontable de 24 cm de diámetro y poner en él la pasta; hornear a 180 °C durante unos 50 minutos, tapando el bizcocho a mitad de cocción con papel de aluminio.
5. Desmontar el bizcocho y dejarlo enfriar.
6. Poner la gelatina en 3 dl de agua fría.
7. Exprimir el limón y luego rallar su piel; lavar los albaricoques, cortar en rodajas unos 300 g y el resto escaldarlo, pelarlo y cortarlo en mitades.
8. Rociar con 5 cucharadas de jugo de limón las rodajas de albaricoque.
9. Batir los 60 g de azúcar con dos yemas de huevo, hasta conseguir un color claro y una consistencia cremosa.
10. Calentar el marsala y disolver en él la gelatina escurrida; añadir la crema de huevo y dejar unos 10 minutos en la heladera.
11. Batir las claras de huevo a punto de nieve y añadirlas a la crema de huevo; agregar la nata batida, las rodajas de albaricoque y 1 cucharadita de ralladura de limón.
12. Poner el bizcocho en una fuente y montar encima el molde; cubrir con la crema de albaricoque y dejar en la heladera unas 3 horas.
13. Cubrir la tarta con las mitades de albaricoque y la mermelada; desmoldear y espolvorear con las almendras fileteadas antes de servir.

## Los Postres

47

## LOS POSTRES

# Roscas de almendras y avellanas

*Tiempo de preparación: 45 minutos • Dificultad de preparación: baja*

*Ingredientes para 4 personas*

- 100 g de almendras tostadas • 100 g de avellanas tostadas • 100 g de azúcar • 4 huevos
- harina • aceite

**Preparación:**

1. Machacar en un mortero las almendras y avellanas sin la piel.
2. En un recipiente, mezclar la pasta de frutos secos, el azúcar y las 4 yemas de huevo.
3. Espolvorear la tabla de trabajo con harina y poner en ella la mezcla. Amasar un buen rato.
4. Formar unas rosquillas, disponerlas en unas placas pasteleras untadas con aceite y cocerlas en horno no muy caliente.

## Los Postres

# Flan de chirimoya con leche

*Tiempo de preparación: 1 hora y 10 minutos* • *Dificultad de preparación: baja*

*Ingredientes para 4 personas*

• 3 chirimoyas • 250 g de leche condensada • 250 g de leche evaporada • 5 huevos
• 1 cucharadita de jugo de limón • 150 g de azúcar

**Preparación:**
1. Sacar la pulpa de las chirimoyas, quitarle las semillas y reducirla a puré.
2. Batir ligeramente los huevos, añadirlos al puré de chirimoya y mezclar; añadir las leches, mezclar y agregar 2 cucharadas de azúcar.
3. Cocer el resto del azúcar con un poquito de agua y el jugo de limón a punto de caramelo; caramelizar el molde y dejar enfriar.
4. Añadir la pasta de chirimoya al molde y cocer al horno moderado durante 1 hora; dejar enfriar, desmoldear y servir.
5. Este flan también se puede hacer cociéndolo al baño María.

## Los Postres

# Crema de manzana

*Tiempo de preparación: 30 minutos* • *Dificultad de preparación: media*

*Ingredientes para 6 personas*

• *1 kg de manzanas ácidas* • *125 g de azúcar molido* • *ralladura de una cáscara de limón*

**Preparación:**
1. Retirar el corazón de las manzanas, pelarlas y cortarlas en pedazos.
2. En una cazuela con agua fría, poner las manzanas y dejarlas a fuego normal hasta que queden tiernas.
3. Espolvorear con azúcar y dejar la cazuela a fuego lento durante unos minutos más.
4. Un minuto antes de retirar las manzanas del fuego, añadir la ralladura de limón.
5. Puede consumirse fría o tibia.

LOS POSTRES

# Helado de mango

*Tiempo de preparación: 15 minutos* • *Dificultad de preparación: baja*

*Ingredientes para 4 personas*

• 4 mangos maduros • 1 l de leche • 200 g de azúcar • sal

**Preparación:**
1. Pelar los mangos.
2. Cortar los mangos en rodajas y licuarlos.
3. Pasar el mango licuado por un colador fino y mezclar el jugo con la leche y el azúcar.
4. Cocer a fuego moderado removiendo hasta que suelte el hervor; dejar enfriar.
5. Finalmente añadir una pizca de sal, batir ligeramente y enfriar en el congelador hasta el momento de servir.

51

## Los Postres

# Rosca asturiana

*Tiempo de preparación: 1 hora y 5 minutos* • *Dificultad de preparación: media*

*Ingredientes para 4 a 6 personas*

- 1/2 kg de harina • 1 tazón de leche • 125 g de azúcar • 6 cucharadas de mantequilla
- 1 huevo • levadura

**Preparación:**
1. Derretir la mantequilla cerca de la lumbre.
2. Mezclar la levadura con la harina y pasar por un tamiz.
3. En un recipiente hondo, batir la mantequilla ya derretida, añadir el azúcar y mezclar.
4. Seguir batiendo y agregar el huevo batido, la harina, la levadura y la leche, vertida poco a poco.
5. Untar un molde para roscas con mantequilla y rellenarlo con la mezcla anterior.
6. Llevarlo a horno moderado y dejar unos 40 minutos.
7. Dejar enfriar la rosca y desmoldear.

## Los Postres

# *Clericó criollo*

*Tiempo de preparación: 15 minutos* • *Dificultad de preparación: baja*

Ingredientes para 4 personas

- 3 melocotones - 1 naranja - 1 manzana - 50 g de fresas - 1 plátano - 1 limón - 1 l de vino blanco - hielo picado

**Preparación:**
1. Exprimir medio limón y media naranja y reservar los jugos.
2. Lavar y pelar las frutas; cortar el plátano en rodajas y los melocotones, la manzana y la media naranja restante en dados pequeños.
3. Poner todas las frutas en una jarra de cristal, añadir los jugos, el vino y el hielo; remover y servir.

# Los Postres

## Los Postres

# *Crêpes Suzette*

*Tiempo de preparación: 1 hora y 30 minutos* • *Dificultad de preparación: alta*

### Ingredientes para 6 personas

• 125 g de harina • 3 huevos • 1/4 l de leche • 30 g de azúcar • 30 g de mantequilla • sal

### Suzette

• 75 g de azúcar • 75 g de mantequilla • 1 vaso de jugo de naranja • 1 cucharada de ron blanco
• 1 cucharada de Curaçao • 1 cucharada de Cointreau • 1 cucharada de brandy
• 1 copa de Grand Marnier • 1 tacita de crema de leche

**Preparación:**
**1.** Tamizar la harina y ponerla en un bol; en el centro, colocar los huevos, el azúcar, una pizca de sal y verter la leche, poco a poco, removiendo con un batidor; dejar reposar 1 hora.
**2.** Derretir la mantequilla, mantenerla caliente y untar con ella una sartén pequeña.
**3.** Poner en la sartén caliente dos o tres cucharadas de la pasta, procurando que se extienda por todo el fondo; cuando cuaje y tome color, darle vuelta y cocerla del otro lado. Repetir la operación hasta que se agote la pasta.
**4.** Poner en una sartén al fuego el azúcar con una cucharada de agua y, cuando esté a punto de caramelo, añadir la mantequilla; cocer a fuego suave hasta que esté todo bien ligado.
**5.** Agregar el jugo de naranja y dejar hervir hasta que se reduzca a la mitad; verter el ron, el Curaçao, el brandy y el Cointreau y encenderlo, removiendo hasta que se apague.
**6.** Poner las crêpes en la sartén, cocinarlas unos minutos y darles la vuelta.
**7.** Finalmente rociar con la copa de Grand Marnier y esperar a que se forme una especie de salsa; añadir la crema, dejar hervir unos instantes y servir enseguida.

## Los Postres

## *Fresones al vinagre*

*Tiempo de preparación: 15 minutos* • *Dificultad de preparación: baja*

*Ingredientes para 6 personas*

• *1 kg de fresones* • *2 cucharadas de vinagre* • *150 g de azúcar*

**Preparación:**
**1.** Lavar los fresones en abundante agua fría, quitarles el péndulo y el cáliz, cortarlos por la mitad o dejarlos enteros, si son pequeños.
**2.** En un bol de cristal o porcelana, colocar los fresones, añadir el vinagre y el azúcar, remover con cuidado para no estropearlos y dejar reposar en lugar fresco, como mínimo 2 horas.
**3.** Así preparados, se pueden acompañar con nata montada azucarada.

## LOS POSTRES

# Copa de frutas al hielo

*Tiempo de preparación: 5 minutos* • *Dificultad de preparación: baja*

*Ingredientes para 6 personas*

- *500 g de frutas diversas* • *2 plátanos* • *0,5 dl de jugo de limón* • *5 dl de jugo de naranja*
- *1/2 vaso de pulpa de melocotones* • *soda fría* • *sal* • *hielo*

**Preparación:**
1. Lavar, pelar y cortar las frutas en daditos.
2. Pelar los plátanos y batirlos en la batidora junto con el jugo de limón y una pizca de sal.
3. Añadir la pulpa de melocotones y batir.
4. Añadir el jugo de naranja, la fruta y la soda.
5. Remover y ponerlo todo en una jarra o en copas con hielo en el momento de servir.

LOS POSTRES

# Mantecadas

*Tiempo de preparación: 45 minutos • Dificultad de preparación: alta*

*Ingredientes para 6 personas*

- *600 g de harina* - *600 g de manteca de cerdo* - *1 limón* - *2 cucharaditas de azúcar lustre*
- *canela en polvo*

**Preparación:**
1.  Mezclar el azúcar con la manteca de cerdo, agregándole unas gotas de limón.
2.  Añadir la harina y amasar hasta conseguir una pasta muy fina.
3.  Dejar reposar la masa unos 10 minutos.
4.  Extender la masa con el rodillo, hasta unos 5 mm de grosor.
5.  Cortar la masa con un molde redondo de 5 o 6 cm de diámetro y hacer un agujero en el centro de la masa de cada círculo.
6.  Untar una bandeja con manteca, distribuir las mantecadas e introducirlas en el horno a temperatura media de 10 a 15 minutos.
7.  Las mantecadas no deben llegar a tomar color ya que así se endurecen.
8.  Retirar la bandeja del horno y espolvorear las mantecadas con canela en polvo y azúcar lustre.

## Los Postres

# *Pastel de zanahorias*

*Tiempo de preparación: 1 hora* • *Dificultad de preparación: media*

### Ingredientes para 6 personas

• 150 g de mantequilla • 4 huevos • 80 g de azúcar • sal • pimienta
• 150 g de avellanas tostadas • 300 g de zanahorias frescas • 1 limón • 120 g de harina
• 1 sobre de levadura en polvo • 1 cucharada de ron • 40 g de azúcar tamizado

**Preparación:**
1. En un bol, trabajar la mantequilla reblandecida con las yemas de los huevos, el azúcar, la sal y la pimienta.
2. Añadir la harina, mezclada con la levadura y las avellanas picadas muy finamente; aromatizar con el ron.
3. Batir las claras a punto de nieve, incorporar la mitad a la mezcla anterior.
4. Rallar las zanahorias, rallar la piel de limón, exprimir el zumo, incorporar todo al bol; mezclar suavemente el resto de las claras.
5. Engrasar un molde redondo, verter la preparación en él e introducir en el horno precalentado a 180 °C durante unos 45 minutos.
6. Desmoldear cuando esté frío, espolvorear con azúcar tamizado.

## Los Postres

# *Helado suflé de café*

*Tiempo de preparación: 40 minutos y la refrigeración* • *Dificultad de preparación: media*

### Ingredientes para 4 personas

- 130 g de azúcar • 4 huevos • 1 1/2 hojas de gelatina incolora • 1,25 dl de café fuerte azucarado
- 0,1 dl de Cointreau • 2 dl de nata batida • cacao en polvo

**Preparación:**
1. Remojar la gelatina en agua fría; batir 4 yemas de huevo con unos 65 g de azúcar, hasta que tenga consistencia cremosa.
2. Escurrir y exprimir la gelatina y disolverla en una cucharadita de agua caliente; añadir a la crema de huevo.
3. Calentar la crema a baño María y remover hasta que se espese; retirarla del fuego.
4. Añadir el café y el Cointreau; remover y poner en la heladera hasta que tenga otra vez consistencia cremosa.
5. Batir 2 claras a punto de nieve, espolvoreándole casi todo el resto de azúcar; añadir a la crema, removiendo con una batidora manual.
6. Agregar 1 cucharada de azúcar a la nata y batir; añadirla mezclando suavemente, con una cuchara de madera, a la crema de huevo y café.
7. Preparar las copas haciéndoles un borde falso con cartulina forrada con papel de aluminio, sujeto por el exterior con cinta adhesiva; depositar en ellas el suflé y dejarlas en el congelador unas 12 horas.
8. Quitar los falsos bordes, espolvorear con el cacao en polvo y servir.

LOS POSTRES

61

## LOS POSTRES

# Mazapanes

*Tiempo de preparación: 35 minutos* • *Dificultad de preparación: baja*

*Ingredientes para 6-8 personas*

• 1 kg de azúcar • 1 kg de almendras crudas • agua

**Preparación:**
1. En una cazuela con agua hirviendo, escaldar las almendras.
2. Una vez escaldadas hay que escurrirlas y retirarles la piel.
3. Seguidamente se procede a triturar las almendras hasta que queden casi harinosas pero todavía húmedas.
4. Volver a repetir la operación, pero esta vez junto con el azúcar.
5. Triturar de nuevo las almendras y el azúcar hasta obtener una masa.
6. Añadir un poco de agua fría a la mezcla y dejarla reposar unos instantes.
7. Disponer en una fuente para horno unas cuantas obleas y, sobre ellas, el mazapán convertido en pequeñas figuras.
8. Las obleas son unas hojas muy delgadas de masa de harina y agua.
9. Introducir las figuras en el horno y dorarlas ligeramente.
10. Finalmente habría que disponer los mazapanes en una fuente y dejarlos enfriar antes de consumirlos.

## Los Postres

# Strawberry

*Tiempo de preparación: 10 minutos* • *Dificultad de preparación: baja*

*Ingredientes para 6 personas*

• 500 g de fresas • 250 g de azúcar • 1 copa de gin • 1 botella de champán o sidra • hielo picado

**Preparación:**
1. Primeramente se procede a lavar las fresas y batirlas en la batidora eléctrica, junto con el azúcar.

2. Poner el licuado de fresas en un bol de cristal y añadir el hielo picado y el gin; mantener en el refrigerador una hora y agregar el champán en el momento de servir.

**LOS POSTRES**

# Manzanas asadas

*Tiempo de preparación: 1 hora* • *Dificultad de preparación: baja*

*Ingredientes para 8 personas*

• *8 manzanas Golden* • *8 cucharadas de azúcar* • *brandy* • *crema pastelera o unas guindas*

**Preparación:**
1. Retirar el corazón de las manzanas, sin partirlas.
2. Disponerlas en una fuente refractaria y rellenar los huecos con 1 cucharada de azúcar y rociar con brandy.
3. Introducir la fuente en el horno a temperatura suave, durante 45 minutos, aproximadamente.
4. Retirar del horno cuando las manzanas estén en su punto.
5. Rellenarlas con crema pastelera o adornar con unas guindas.
6. Rociarlas con el jugo de su cocción.

## LOS POSTRES

# *Torta andina*

*Tiempo de preparación: 1 hora y 20 minutos • Dificultad de preparación: media*

*Ingredientes para 4 personas*

- *200 g de harina floja* • *100 g de mantequilla* • *1 cucharada de fécula de maíz* • *3 huevos*
- *1 limón* • *leche* • *100 g de azúcar lustre* • *2 cucharadas de azúcar* • *sal*

**Preparación:**
**1.** Mezclar la harina con una pizca de sal y formar una corona; añadir 1 huevo, la mantequilla reservando 2 cucharadas, y 1 cucharada de azúcar; trabajar hasta tener una pasta suave y consistente, agregar un poco de leche, amasar durante unos minutos y dejar reposar 1 hora.
**2.** Estirar la masa; enmantecar y enharinar un molde y cocer en el horno caliente durante 25 minutos; retirar, desmoldear y reservar.
**3.** Poner el azúcar al fuego con 1 taza de agua y cocer a un punto de almíbar claro.

**4.** Exprimir el limón y trocear la piel; mezclar la fécula de maíz con el jugo de limón y añadir el almíbar removiendo; agregar 2 yemas y 1 cucharada de mantequilla blanda, batir hasta tener una crema espesa y cubrir la tarta.
**5.** Batir 2 claras con una pizca de sal a punto de nieve firme, añadir la mitad del azúcar lustre y batir; poner el merengue en una manga pastelera y extenderlo formando pequeños picos sobre la crema de limón.
**6.** Espolvorear con azúcar lustre y gratinar durante unos minutos.

## Los Postres

# Sorbete de menta

*Tiempo de preparación: 25 minutos (aparte tiempo de congelación)* • *Dificultad de preparación: baja*

*Ingredientes para 4 personas*

- 1 l de agua mineral • 400 g de azúcar • 1 manojo grande de menta fresca
- 2 dl de zumo de limón

**Preparación:**
1. Preparar un jarabe con el agua y el azúcar, dejándolo hervir unos 10 minutos.
2. Lavar cuidadosamente la menta, separar las hojas y añadir al jarabe.
3. Prolongar 10 minutos más el hervor; retirar y tapar. Dejar reposar durante 10 o 12 horas y colar.
4. Añadir el zumo de limón.
5. Pasar el jarabe a la sorbetera o meterlo en el congelador; remover la mezcla, transcurrida 1 hora. Volver al congelador y remover a los 30 minutos. Repetir esta operación varias veces, hasta conseguir la consistencia deseada (cremosa).
6. Al momento de servir este sorbete se puede adornar con unas hojas tiernas de menta fresca, finamente picadas.

LOS POSTRES

# Besos

*Tiempo de preparación: 1 hora* • *Dificultad de preparación: media*

*Ingredientes para 4 personas*

- *250 g de miel de maíz* • *2 huevos* • *esencia de vainilla* • *esencia de almendra*
- *3 cucharadas de mantequilla* • *500 g de azúcar* • *sal*

**Preparación:**
1. Calentar un poco de agua.
2. Perfumar ligeramente la miel con la esencia de vainilla y ponerla en una cacerola; añadir el azúcar, reservando un poco, el agua caliente y una pizca de sal y cocer a fuego moderado hasta que suelte el hervor, removiendo de tanto en tanto.
3. Batir en un cazo las claras de los huevos a punto de nieve; añadir poco a poco la miel caliente y continuar batiendo hasta que forme una pasta homogénea; agregar la esencia de almendras y mezclar.
4. Enmantecar una fuente y verter en ella la miel en cucharadas formando los besos; dejar secar.
5. Pasar por el azúcar y servir.

# Los Postres

**LOS POSTRES**

# Alfajores

*Tiempo de preparación: 1 hora* • *Dificultad de preparación: media*

### Ingredientes para 6 personas

- 400 g de harina • 100 g de fécula de maíz • 3 huevos • 3 yemas
- 1 cucharadita de bicarbonato • 2 cucharaditas de esencia de vainilla
- 1 cucharadita de esencia de naranja • 1 taza de dulce de leche pastelero
- 200 g de chocolate cobertura • 250 g de manteca • 300 g de azúcar impalpable

**Preparación:**

**1.** Batir la manteca con el azúcar impalpable hasta lograr una pasta cremosa; añadir las yemas una a una, mezclando bien después de cada añadido; incorporar los huevos enteros y de igual forma revolver muy bien después de cada agregado; añadir las esencias de vainilla y naranja y unirlo todo hasta que la crema quede pareja.

**2.** Mezclar la harina de trigo con la fécula de maíz y el bicarbonato y tamizar; agregar poco a poco a la crema anterior; colocar un poquito de harina sobre la mesa, poner allí el preparado anterior y amasar hasta obtener una masa suave y homogénea; dejar reposar 30 minutos.

**3.** Estirar la masa con el palo de amasar sobre la mesa enharinada, dejándola muy fina; cortar en discos de unos 5 cm de diámetro.

**4.** Enmantecar y enharinar una fuente para horno y acomodar los alfajores; colocar en horno moderado durante unos 10 minutos; sacar las tapitas y dejar enfriar.

**5.** Poner el dulce de leche sobre una tapita y cubrir con otra, tratando de que el relleno se desparrame bien.

**6.** Finalmente derretir el chocolate de cobertura en un bol a baño María, procurando que el agua no entre en el bol, y bañar cada alfajor con este chocolate.

LOS POSTRES

# *Leche helada almendrada*

*Tiempo de preparación: 15 minutos, más 2 horas de enfriado* • *Dificultad de preparación: baja*

*Ingredientes para 6 personas*

• *3 tazas de leche* • *1 taza de nata líquida* • *300 g de almendras*

**Preparación:**
1. Primeramente calentar 1 taza de agua durante 4 minutos en el microondas; escaldar las almendras, pelarlas y triturarlas completamente en la batidora eléctrica.

2. Agregar la leche fría, mezclar y tamizar en un colador chino fino.
3. Añadir la nata, mezclar y enfriar en la nevera durante 2 horas, removiendo cada 30 minutos para que no cristalice.

## LOS POSTRES

# *Sorbete de uva*

*Tiempo de preparación: 2 horas* • *Dificultad de preparación: baja*

*Ingredientes para 6 personas*

- 600 g de uvas • 250 g de azúcar • 2 limones • 70 dl de agua • 6 dl de krasi ghliko (vino dulce)
- 1/2 cucharadita de agua de azahar

**Preparación:**
**1.** Disolver el azúcar en el agua y hervir unos 10 minutos; retirar y dejar enfriar.
**2.** Exprimir los limones y añadir el jugo al almíbar; colar.
**3.** Pasar las uvas por la batidora primero y después por un colador para quitarles el hollejo y las semillas.
**4.** Agregar el puré de uvas, el agua de azahar y el vino al almíbar; verter en un bol y poner en el congelador durante 30 minutos.
**5.** Retirar, pasar por la batidora y volver a poner en el congelador. Repetir la operación dos veces más cada 30 minutos y dejar congelar hasta el momento de servir.

## Los Postres

# *Manzanas y peras al vino*

Tiempo de preparación: 1 hora y 30 minutos • Dificultad de preparación: media

### Ingredientes para 4 personas

• 2 manzanas de tamaño medio • 2 peras grandes • 1 limón • 1 naranja • 1 vaso de vino tinto
• 1/2 cucharadita de vainilla en polvo • 1/2 clavo de olor • 1 grano de pimienta
• canela • 100 g de azúcar

**Preparación:**
1. Pelar las manzanas y las peras, quitarles el corazón y cortarlas en octavos; exprimir el limón; pelar la naranja quitándole la piel blanca y reservando la cáscara.
2. Poner las manzanas y las peras en un recipiente y rociarlas con el zumo de limón.
3. Poner en otro recipiente el vino, el azúcar, la cáscara de la naranja, la vainilla, el clavo, la pimienta y una pizca de canela y cocer durante 5 minutos en el microondas.
4. Añadir las manzanas y las peras con su jugo y cocer durante 20 minutos; retirar las frutas.
5. Colar el jugo de la cocción y cocer 5 minutos más, removiendo constantemente.
6. Bañar las frutas con este arrope, enfriar y servir.

## LOS POSTRES

# *Brigadeiros con café*

*Tiempo de preparación: 50 minutos* ● *Dificultad de preparación: baja*

*Ingredientes para 6 personas*

● *500 g de leche condensada* ● *1 cucharada de chocolate en polvo* ● *1 tacita de café fuerte*
● *1 cucharada de mantequilla* ● *coco rallado*

**Preparación:**
**1.** Poner la leche condensada, el chocolate y el café en una cazuela y cocer a fuego suave; revolver constantemente con una espátula de madera hasta que se despegue de los laterales.

**2.** Enmantecar una fuente y echar en ella la mezcla; dejar enfriar.
**3.** Hacer con las manos previamente humedecidas unas bolitas, enseguida pasarlas por el coco rallado y servir.

# Índice de LOS POSTRES

# ÍNDICE

## A

Agua de azahar, 71
Aguardiente, 24
Aguardiente de bambú, 35
Albaricoque, mermelada de, 46
Albaricoques, 46
Alfajores, 69
Almendra, esencia de, 67
Almendras, 17, 44, 48, 62, 70
Almendras fileteadas, 46
Almendras y avellanas, roscas de, 48
Anís, 36
Apfelstrudel, 17
Avellanas, 17, 48, 59
Avellanas, roscas de almendras y, 48
Azúcar a la vainilla, 22
Azúcar glas, 22, 29, 40, 44
Azúcar impalpable, 69
Azúcar lustre, 15, 18, 58, 65
Azúcar molido, 50
Azúcar moreno, 38
Azúcar tamizado, 59

## B

Bambú, aguardiente de, 35
Besos, 67
Bicarbonato, 69
Bizcocho, 21
Borrachos, 34
Brandy, 38, 55, 64
Brigadeiros con café, 73
Budín de Navidad, 38
Budín de pan con pasas, 20

## C

Cabello de ángel, 28
Cacao amargo, 21
Cacao en polvo, 60
Café, 73
Café azucarado, 60
Café, brigadeiros con, 73
Café expreso, 21
Café, helado suflé de, 60
Canela, 17, 26, 28, 40, 43, 72
Canela en polvo, 20, 24, 34, 58
Casabe, 43
Champán, 16, 63
Chantilly, 33
Charlota, 29
Chirimoya con leche, 49
Chirimoyas, 49
Chocolate, 22
Chocolate amargo, 18, 33
Chocolate cobertura, 69
Chocolate, flan de, 33
Chocolate en polvo, 73
Chocolate, mango con, 45
Chocolate, mousse de, 18
Chocolate rallado, 45
Chu-yen-ching, 35
Clavo de olor, 72
Clericó criollo, 53
Coco rallado, 73
Cointreau, 60
Copa de frutas al champán, 16
Copa de frutas al hielo, 57
Crema chantilly, 33
Crema de leche, 18, 37, 55
Crema de limón, 37
Crema de mango con chocolate, 45
Crema de manzana, 50
Crema pastelera, 64
Crêpes Suzette, 55

## D

Damasco, mermelada de, 22
Dulce de leche pastelero, 69

## E

Esencia de almendra, 67
Esencia de limón, 16
Esencia de naranja, 16, 69
Esencia de vainilla, 27, 43, 67, 69

## F

Flan de chirimoya con leche, 49
Flan de chocolate, 33
Flan de maracuyá con leche, 41
Frambuesas, 15
Frambuesas, licor de, 15
Fresas, 16, 53, 63
Fresones al vinagre, 56
Fruta confitada, 19
Frutas al champán, 16
Frutas al hielo, 57

## G

Gelatina, hojas de, 46
Gelatina incolora, 37, 60
Gelatina transparente, hojas de, 29
Gin, 63
Grand Marnier, 55
Grappa, 21
Guindas, 64

## H

Harina de maíz, 43
Helado de mango, 51
Helado de vainilla, 15
Helado suflé de café, 60
Hielo, frutas al, 57
Hielo picado, 53, 63
Huesos de santo, 44

## K

Kirsch, 16
Krasi ghliko, 71

## L

Leche, 20, 26, 27, 29, 33, 38, 40, 41, 43, 51, 52, 55, 65
Leche condensada, 49, 73
Leche evaporada, 49
Leche frita, 32
Leche helada almendrada, 70
Levadura, 46, 52, 59
Licor de frambuesas, 15
Limón confitado, 37, 38
Limón, crema de, 37
Limón, esencia de, 16
Limón, jugo de, 45, 49, 57, 66
Limones, 16, 32, 35, 37, 38, 40, 44, 50, 53, 59, 65, 71, 72
Lustre, azúcar, 15, 18, 58, 65

## M

Magdalenas, 42

# ÍNDICE

Maíz, 25, 33, 41, 65, 69
Maíz, harina de, 43
Maíz, miel de, 67
Mango con chocolate, 45
Mango, helado de, 51
Mangos, 45, 51
Manteca, 24, 36, 69
Manteca de cerdo, 28, 58
Mantecadas, 42, 58
Mantequilla, 20, 22, 25, 27, 28, 31, 42, 46, 52, 55, 59, 65, 67, 73
Manzana, crema de, 50
Manzanas, 16, 17, 53
Manzanas ácidas, 50
Manzanas asadas, 64
Manzanas Delicias, 31
Manzanas y peras al vino, 72
Manzanilla, 34
Maracuyá, licor de, 41
Maracuyá con leche, 41
Maracuyaes, 41
Marsala, 46
Mazapanes, 62
Melocotones, 16, 53
Melocotones Melba, 15
Melocotones, pulpa de, 57
Menta fresca, 66
Menta, sorbete de, 66
Mermelada de albaricoque, 46
Mermelada de damasco, 22
Miel, 44
Miel de maíz, 67
Mousse de chocolate, 18

## N

Naranja, esencia de, 16, 69
Naranja, jugo de, 55, 57
Naranjas, 16, 25, 35, 72
Nata, 45
Nata batida, 60
Nata líquida, 29, 70
Nata montada, 15, 31, 46
Natillas castellanas, 26
Nuez moscada, 38

## P

Pan, 40
Pan con pasas, 20
Pan rallado, 20, 38
Pasas, 20
Pasas de Corinto, 19, 38
Pasas de Esmirna, 38
Pasas sultanas, 17
Pastel de cabello de ángel cordobés, 28
Pastel de zanahorias, 59
Peras, 72
Peras al vino, 72
Perrunillas, 24

Pimienta, grano de, 72
Piña, 16
Plátanos, 16, 53, 57

## Q

Queque, 25
Queso blanco, 19
Queso de crema, 21
Queso Mascarpone, 21

## R

Riñón, grasa de, 38
Ron, 22, 27, 35, 38, 59
Rosca asturiana, 52
Roscas de almendras y avellanas, 48
Rosquillas castellanas, 36

## S

Sacher, 22
Sémola, 32
Sidra, 63
Soda, 57
Sorbete de menta, 66
Sorbete de té, 35
Sorbete de uva, 71
Strawberry, 63
Suflé royal, 27

## T

Tarta de albaricoque al marsala, 46
Tarta Tatin, 31
Té, 35
Té, sorbete de, 35
Tirami su, 21
Torrijas, 40
Torta andina, 65
Torta de ricotta con frutas, 19

## U

Uva, sorbete de, 71
Uvas, 71

## V

Vainilla, 32, 35
Vainilla azucarada, 15, 22, 29
Vainilla en polvo, 72
Vainilla, esencia de, 27, 43, 67, 69
Vainilla, helado de, 15
Vinagre, 56
Vino blanco, 53
Vino dulce, 71
Vino tinto, 72

## Z

Zanahorias, 59

# GLOSARIO y DICCIONARIO DE EQUIVALENCIAS

# Glosario

## A

**Abrillantar.** Untar con yema de huevo, almíbar, jalea o gelatina una preparación antes de ponerla al horno, para que al cocerse adquiera brillo.
**Acecinar.** Salar las carnes y secarlas y ahumarlas al aire para su conservación.
**Aceite.** Líquido graso que se obtiene de prensar la aceituna y resulta de color amarillo verdoso. Por extensión se denominan aceites los líquidos grasos obtenidos de otros frutos y semillas o de ciertos animales. El aceite es *virgen* cuando se trata del primero que sale de la prensa del molino, *refinado* cuando el virgen se somete al proceso de refinado, y *puro* cuando es mezcla de virgen y refinado.
**Achicharrar.** Freír o asar en exceso una vianda.
**Aderezar.** Sazonar los alimentos. También, preparar u ornar un plato.
**Adobar.** Sumergir carnes, pescados u otros alimentos crudos en una mezcla de sal, aceite, vinagre o limón, ajos, perejil y especias, para su conservación, aromatización o sazonamiento.
**Adobo.** Caldo hecho con diversos ingredientes y especias que sirve para sazonar, aromatizar y conservar carnes, pescados y otros alimentos crudos.
**Ahumar.** Exponer al humo un alimento para darle determinado sabor y prolongar su conservación. Los arenques, las truchas, los salmones, el jamón y el lomo de cerdo y algunos embutidos son, entre otros, alimentos que suelen ahumarse.
**Ajiaceite.** Salsa preparada con ajo machacado y aceite.
**Ajiaco.** Salsa preparada a base de ají. También, guiso de carne y legumbres sazonado con abundante ají.
**Albardar.** Envolver una pieza de pescado, ave o carne en una loncha de tocino o jamón, para que no se reseque al cocerse; en los asados de aves, con excepción del pato silvestre, es imprescindible el albardado, sobre todo para cubrir la delicada parte de la pechuga. También se dice albardar al rebozar un alimento con harina y huevo antes de freírlo.
**Al dente.** Punto de cocción de las pastas, cuando se retiran del fuego algo duras.
**Alcuzcuz.** Pasta típica árabe de sémola y miel hecha bolitas, que se come cocida al vapor.
**Aliñar.** Aderezar, condimentar.
**Aliño.** Condimento, adobo, aderezo con que se sazonan los alimentos.
**Almíbar.** Mezcla de azúcar y agua con consistencia de jarabe.
**Almibarar.** Bañar o cubrir con almíbar un manjar.
**Amasar.** Trabajar una preparación de harina, agua y otros ingredientes hasta obtener una masa.
**Armar.** Sujetar las alas y las patas de un ave con un hilo de cocina, para conservar su forma natural durante la cocción y posterior presentación en la mesa.
**Aromatizar.** Perfumar con hierbas y esencias una preparación.
**Arrebatar.** Cocer precipitadamente por exceso de fuego, de modo que el alimento se quema por fuera y queda crudo por dentro.
**Asar.** Cocer un alimento en horno, parrilla o asador o en cazuela.

## B

**Banderillas.** Tapas ensartadas en palillos y servidos a modo de aperitivo o entremeses.
**Bañar.** Cubrir una preparación con salsa, caldo, vino u otro líquido.
**Baño María o bañomaría.** Cocer un alimento poniéndolo en un recipiente que, a su vez, se pone en otro mayor con agua expuesta al fuego. Es un método de cocción suave y prolongado que se aconseja para cocinar salsas delicadas o recalentar platos sin que pierdan su punto.
**Barbacoa.** Artilugio que consiste en un recipiente para contener las brasas y una parrilla para asar carnes y pescados al aire libre. En México se denomina así a un horno cavado en la tierra donde las carnes se cuecen al vapor. Barbacoa es también el plato hecho en esos artilugios.
**Bife.** Tajada muy fina de carne vacuna.
**Bistec.** Filete de carne de buey sacado de la parte más gruesa del solomillo; se prepara salteado con mantequilla en la sartén o asado en la parrilla.
**Blanquear.** Dar un hervor a un producto para ablandarlo, darle color o quitarle el mal sabor u olor.
**Brandada.** Modo de preparar el pescado, especialmente el bacalao, haciéndolo puré.
**Brasear.** Cocer a fuego lento y en su propio jugo o salsa una vianda en una cacerola tapada. Para un correcto braseado los trozos del alimento deben echarse en la cacerola con un poco de grasa o aceite muy caliente y tratar de que se doren de modo uniforme. Seguidamente se le añade agua, caldo, vino o salsa hasta un poco menos de la mitad del alimento; se tapa perfectamente la cacerola y se continúa la cocción en el horno a temperatura moderada.
**Brocheta o broqueta.** Varilla metálica o de madera que sirve para ensartar pequeños trozos de carne, pescado, mariscos, etc., y asarlos. También, esos trozos asados.

## C

**Caldereta.** Guiso típico de las regiones marineras, hecho principalmente con pescado, cebolla y pimiento hervidos.
**Caldo.** Líquido resultante de cocer carnes, hortalizas, etc., que se emplea en la confección de sopas, consomés, salsas y otros platos.
**Caldo blanco.** Fondo hecho de jugos de carnes, cebolla, puerros, apio, etc.
**Caldo corto.** El preparado a base de agua, vino blanco y sal y otras verduras y especias y que reducido se emplea para cocer algunos pescados.
**Canapé.** Rebanadita de pan de miga, tostado o frito, que se cubre con diferentes manjares.
**Capa.** Líquido con que se cubre un manjar.
**Caramelizar.** Revestir un molde con caramelo.
**Carbonada.** Carne hervida y después asada a la parrilla. También, guiso de carne desmenuzada, zapallo, papa y arroz.
**Catar.** Probar alguna bebida o alimento para comprobar su sabor.
**Catsup.** Ketchup.
**Cazadora (a la).** Forma de guisar ciertas carnes aderezadas con hongos, cebolla, hierbas y vino blanco.
**Cebar.** Engordar un animal para comerlo.
**Cebiche.** Plato típico andino que consiste en pescado macerado en jugo de limón y ají.
**Cecina.** Carne de vacuno curada con sal y humo durante seis meses en secaderos naturales.
**Chacina.** Carne curada al aire y ahumada. También, carne de cerdo adobada para embutir.
**Chanfaina.** Guiso hecho de menudos y carne picados, aceite y especias.

# Glosario

**Charque o charqui.** Carne salada y secada al sol.
**Chicharrón.** Residuo de las pellas del cerdo, una vez derretida la grasa. También, carne u otro alimento requemado.
**Chile.** Nombre genérico del ají o pimiento; los más importantes son: *ancho*: chile poblano, maduro y seco; *cascabel*: pequeño, redondo y seco; *cuaresmeño*: ovalado y de color verde oscuro; *chamboroto*: achatado, amarillo, verde o rojo, y poco picante; *chilaca*: delgado, alargado y verde; *chipotle*: chile jalapeño maduro, seco y ahumado; *guajillo*: largo, puntiagudo y seco; *güero*: amarillo y ligeramente picante; *habanero*: algo redondo, pequeño y de color verde amarillento y muy picante; *jalapeño*: alargado, verde amarillento y picante; *morita*: pequeño, cónico y seco; *mulato*: seco y negro; *pasilla*: chile chilaca maduro y seco; *piquín*: pequeño, redondo y de color verde, que se emplea fresco o encurtido (también existe una variedad alargada que se emplea seca y molida); *poblano*: grande, de color rojo o verde oscuro; *serrano*: mediano y de color verde intenso.
**Chilindrón.** Guisado típico español hecho con cordero o pollo, pimientos, tomates, cebolla y ajos.
**Chucrut o choucroute.** Col fermentada en salmuera y aromatizada con jengibre.
**Chupe o chupé.** Guiso americano generalmente caldoso, hecho con carne o pescado, papas, queso, huevos, etc.
**Churrasco.** Filete de carne de unos 2 o 3 cm de grosor, de primera calidad, que se asa a la plancha o a la parrilla.
**Cocido.** Guiso de carnes, gallina, tocino, embutidos y verduras preparado en una olla grande.
**Cocer.** Someter al fuego un alimento para hacerlo digerible. Los principales métodos de cocción son al vapor, en fritura, en estofado y asado a la parrilla o a la cazuela.
**Concentrar.** Reducir un caldo, un jugo o un puré por evaporación.
**Condimentar.** Sazonar con hierbas aromáticas, aderezos, especias, etc., una vianda.
**Condimento.** Todo aquello que sirve para sazonar y aromatizar la comida, como son las hierbas, aderezos, etc.
**Confitar.** Bañar o cocer las frutas en almíbar. También, freír la carne, especialmente de cerdo, pato, oca o pavo, en su propia grasa y con la cual se las cubre para su conservación.
**Curar.** Exponer carne o pescado previamente sazonado a la acción del aire o del humo para conservarlo.
**Cuscús.** Alcuzcuz.

## D

**Degustar.** Probar, gustar un alimento o bebida.
**Derretir.** Fundir un alimento solidificado o cuajado.
**Desangrar.** Mantener la carne o el pescado en agua fría durante un tiempo para que desprendan los restos de sangre.
**Desecar.** Secar o espesar un preparado por evaporación y a fuego vivo, removiéndolo para que no se pegue.
**Desleír.** Disolver un sólido en un líquido.
**Desmoldar o desmoldear.** Quitar el molde a una preparación.
**Desvainar.** Separar los granos de la vaina de algunas legumbres.
**Desvenar.** Quitar las venas o nervios a los pimientos u otras hortalizas y a la carne.
**Dorar.** Freír a fuego moderado un alimento hasta darle un color dorado. Abrillantar.

## E

**Embuchar.** Embutir carne condimentada y aderezada en un buche o tripa de animal.
**Embutir.** Rellenar de carne condimentada y aderezada el buche o tripa de un animal; hacer embutidos.
**Empanar.** Envolver una vianda en masa para cocerla en el horno. También, rebozar con leche, huevo y pan rallado un manjar para freírlo.
**Encurtido.** Fruto u hortaliza conservados en vinagre.
**Enfondar.** Cubrir el fondo de un molde con ciertos ingredientes o masa para preparar un plato o un postre.
**Entremés.** Manjares que se sirven antes del servicio de la comida.
**Escabeche.** Adobo o marinada que se prepara con vino, vinagre, laurel y otros ingredientes, para la conservación de aves o carnes de caza o pescados.
**Escaldar.** Sumergir unos minutos un alimento en agua a punto de ebullición.
**Escalfar.** Cocer los alimentos en agua o caldo a punto de ebullición.
**Escalopar.** Cortar un alimento en lonchas delgadas y sesgadas.
**Especia.** Sustancia de origen vegetal que se emplea para sazonar y aromatizar los alimentos.
**Espumar.** Retirar con la espumadera la espuma que se forma en la superficie de un caldo, almíbar u otra cocción.
**Estofar.** Condimentar y guisar un manjar en una cacerola tapada a fuego suave.
**Estrellar.** Freír los huevos.

## F

**Faisandaje.** Dejar orear y reposar las carnes durante un tiempo para que se ablanden.
**Filete.** Loncha o bistec de solomillo.
**Flamear o flambear.** Llamear, pasar un alimento por la llama.
**Fondant.** Derretido, fundido.
**Fondo.** Caldo que resulta de cocer un alimento y que se emplea para hacer sopas, consomés, mejorar salsas, etc.
**Forrar.** Untar o barnizar un molde para formar en él una capa de gelatina.
**Freír.** Cocer un alimento en grasa, aceite o mantequilla hirviendo.
**Fumet.** Residuo concentrado de caldos y jugos guisados, que se emplea en la elaboración de cierta salsas.

## G

**Gacha.** Papilla de harina cocida con agua, sal y leche, miel o huevo.
**Gelatina.** Sustancia blanda, transparente e insípida que se obtiene por la cocción de huesos, tendones, etc. de animales.
**Granizado.** Bebida refrescante hecha de jugos o esencias de fruta mezclados con hielo picado.
**Grasa.** Manteca o sebo de un animal.
**Gratinar.** Tostar a fuego vivo en el horno la superficie de un alimento previamente rociado con queso, mantequilla o salsa bechamel.
**Guarnición.** Complemento alimenticio y ornamental de un plato.
**Guisar.** Preparar y cocer los manjares con una salsa.

## H

**Harinado.** Harina disuelta en agua.
**Harira.** Sopa árabe de pollo con arroz o tallarines y garbanzos.
**Hielo.** Agua congelada.
**Hielo pilé.** El picado muy fino.
**Hielo troceado.** El picado en pequeños trozos.
**Hiun-ki.** Pollo ahumado chino.
**Hoi-sin.** Salsa de soja espesa.
**Hojaldre.** Masa muy trabajada con mantequilla, que al cocerse al horno forma numerosas hojuelas superpuestas.

# Glosario

**Hortaliza.** Planta o verdura que se cultiva en la huerta.

## I

**Ingredientes.** Elementos que forman parte de un plato o condimento.
**Italiana (a la).** Modo de preparar las carnes, pescados y verduras con setas o tomates, y de cocinar las pastas con queso parmesano rallado.

## J

**Jardinera (a la).** Guarnición hecha con hortalizas frescas, cocidas por separado.
**Jeta.** Hocico del cerdo o del jabalí.
**Jora.** Maíz germinado para fermentar y bebida alcohólica hecha a base de maíz.
**Jugo.** Zumo que se obtiene de los vegetales o de las carnes.
**Juliana.** Verduras cortadas en trocitos pequeños.

## K

**Ketchup.** Condimento preparado con salsa de tomate aromatizada.
**Kokotxas.** Partes carnosas de la zona gular del pez; son apreciadas las de merluza.
**Koshkera.** Modo vasco de preparar el pescado con guisantes, puntas de espárragos y otras verduras, en cazuela de barro.

## L

**Lacón.** Paleta de cerdo curada, que se come cocida si su tiempo de curación es de un mes, y cruda si es de seis meses.
**Laquear.** Untar un ave, pescado u otro alimento de una crema mantecosa y consistente, antes de asarlo.
**Lardear.** Untar con lardo o grasa el alimento que se está asando. También, quitar la grasa al tocino y envolver con tocino una carne.
**Legumbre.** Fruto o semilla que se cría en vaina.
**Leudar.** Fermentar la masa con la levadura.
**Levar.** Efecto que produce la levadura en la masa al fermentar.
**Ligar.** Espesar un líquido o una salsa.
**Loncha.** Tajada delgada de carne.

## M

**Macedonia.** Frutas o verduras diversas cortadas en dados y mezcladas.
**Macerar.** Poner un manjar de frutas, verduras o carnes en un líquido durante unas horas o días y a temperatura ambiente.
**Majar.** Triturar, desmenuzar un alimento de modo grosero.
**Manjar.** Cualquier alimento.
**Manteca.** Grasa animal, sobre todo la del cerdo, y gordura de la leche.
**Manteca de vaca.** Mantequilla.
**Mantequilla.** Manteca obtenida de la leche de vaca.
**Margarina.** Sustancia grasa, semejante a la mantequilla, de origen vegetal.
**Marinada.** Adobo en el que se maceran algunos alimentos.
**Marinera (a la).** Modo de preparar pescados con cebollas, hierbas y vino blanco.
**Masa.** Mezcla de harina u otra sustancia en polvo con agua o cualquier otro líquido, de la que resulta un todo espeso, blanco y consistente.
**Mechar.** Introducir en la carne mechas o tiras de tocino, jamón, frutas, etc.
**Menestra.** Guisado de verduras y trocitos de carne o jamón.
**Menudos.** Despojos de las reses de matadero.
**Mole.** Salsa mexicana picante cuyos ingredientes básicos son los chiles y el chocolate.
**Montar.** Batir con energía las claras de huevo y la nata.
**Mortificar.** Orear, dejar reposar la carne durante un tiempo para que se enternezca.
**Mousaka.** Plato griego hecho con carne de res picada, con berenjenas y salsa de queso.
**Muesli.** Copos de avena u otros cereales con miel y frutas.

## N

**Nata.** Crema de la leche.
**Nido de golondrina.** Especie de gelatina china elaborada a partir de los nidos construidos por las salanganas o golondrinas de mar.
**Nogada.** Salsa hecha con nueces y especias.

## Ñ

**Ñame.** Raíz de la planta del mismo nombre, de sabor semejante a la batata.
**Ñoquis.** Pasta italiana hecha con puré de papa, harina, sémola y huevo.

## O

**Olla.** Recipiente metálico o de barro, de forma redonda, boca ancha y asas para guisar. También, ciertos guisados que se hacen en ella y que llevan verduras, carne y tocino como principales ingredientes.
**Olla podrida.** Cocido que añade carnes de ternera y gallina, jamón a los ingredientes habituales de la olla.
**Ossobuco.** Plato italiano que se prepara estofando carne de ternera con hueso y médula o caracú.
**Ovas.** Huevas del pez.

## P

**Paladear.** Degustar pausadamente un manjar.
**Papillote.** Hoja de papel blanco untado con aceite u otra sustancia grasa con la que se envuelven las carnes, aves o pescados para asarlos al horno.
**Parrilla.** Utensilio para asar formado por una rejilla de hierro, con mangos y patas, para colocarla sobre el fuego y disponer sobre ella los alimentos que se vayan a asar.
**Parrillada.** Manjares hechos de una vez a la parrilla o barbacoa.
**Pellizcar.** Hacer pequeñas incisiones en el borde de un pastel.
**Pepitoria.** Guiso de gallina troceada y cocida en salsa ligada con yema de huevo. Por extensión, carne hecha de este modo.
**Perdigar.** Rehogar la perdiz para conservarla cierto tiempo; por extensión se aplica a otros alimentos.
**Pibil.** Carne envuelta en hoja de plátano y asada en horno pib.
**Pintar.** Abrillantar.
**Pisto.** Fritada de diversas verduras troceadas.
**Plancha.** Utensilio que consiste en una lámina de hierro que se coloca sobre el fuego, para asar sobre ella diversos alimentos solos o con una pizca de aceite o mantequilla.
**Polenta.** Gachas de harina de maíz.
**Pozole.** Caldo de maíz cocido y carne de cerdo deshebrada.
**Punto.** Cocción perfecta de los alimentos.

## Q

**Quenela.** Especie de masa de pescado, ave o ternera, que se moldea como albondiguilla para guarnición de diferentes platos.
**Quesadilla.** Empanadilla hecha con tortilla de maíz rellena con queso y otros ingredientes.
**Quimbolito.** Masa de dulce envuelta en hojas de achira y cocida al vapor.

# GLOSARIO

**Quinua.** Especie de cereal americano, que se utiliza en diversas preparaciones. Sus hojas también se comen frescas al modo de las espinacas.

## R

**Rabas.** Huevas inmaduras de la merluza y especies similares.
**Ragú.** Estofado de carne, ave o pescado cortados en trozos y acompañados de verduras.
**Rebajar.** Extender la pasta con un rodillo hasta conseguir el grosor deseado. También, disminuir la sazón, densidad o color de un preparado añadiéndole agua u otro líquido.
**Rebozar.** Pasar un alimento por harina y huevo batido antes de freírlo.
**Rectificar.** Poner a punto el sazonamiento o color de un preparado.
**Reducir.** Espesar una salsa, jugo o almíbar por evaporación.
**Refrescar.** Añadir agua fría a una vianda después de cocida, para cortar inmediatamente la cocción, o bien añadir pasta nueva a otra ya trabajada.
**Regar.** Mojar superficialmente un manjar.
**Rehogar.** Cocer a fuego lento ciertos alimentos en la grasa antes de añadirles agua, leche, salsa o caldo en poca cantidad. Se dejan cocer en este líquido a fuego suave y con la cacerola bien tapada.
**Rellenar.** Poner un preparado en el interior de una vianda.
**Remojar.** Desalar. Embeber de agua una vianda.
**Rociar.** Regar la carne u otro alimento con su jugo o grasa.
**Roux.** Preparación hecha con harina tostada en mantequilla, que se emplea para dar mayor o menor color a los fondos.
**Rustir.** Asar, tostar. El procedimiento es semejante al de saltear. Se doran la carne, las aves, la caza o las verduras rellenas a fuego muy vivo y en poco aceite o grasa bien caliente y, conseguido el dorado, se añade caldo u otro líquido caliente y se deja cocer a fuego moderado con la cacerola tapada.

## S

**Salar.** Poner en sal un género crudo para su conservación.

**Salpicón.** Guiso de carne, ave, pescado o marisco cortados en trocitos y mezclados, que se cuecen con diversas verduras y se ligan con una salsa.
**Salpimentar.** Sazonar un manjar con sal y pimienta.
**Salsear.** Cubrir con salsa un preparado antes de servirlo.
**Saltear.** Cocer los alimentos en una sartén o cacerola baja sin tapa, con grasa o aceite calientes y a fuego vivo, removiéndolos constantemente para lograr un dorado uniforme.
**Sancochar.** Cocer ligeramente los alimentos en agua con sal.
**Sashimi.** Plato japonés consistente en pescado crudo acompañado con salsas de soja y de rábano picante.
**Sazonar.** Condimentar cualquier vianda con sal y especias.
**Soasar.** Asar o cocer superficialmente una vianda.
**Socarrar.** Dorar ligeramente una vianda.
**Sudar.** Poner alimentos al fuego en un recipiente cerrado para que suelten su jugo.
**Sofreír.** Freír ligeramente un manjar.
**Sukiyaki.** Plato típico japonés, preparado a base de hongos y tallos de bambú.

## T

**Tamizar.** Pasar por el tamiz o cedazo la harina para obtener un polvo más fino.
**Tapa.** Platillo de diversos ingredientes, que se comen a modo de aperitivo.
**Templar.** Colocar las patas delanteras del cangrejo en la cola, mientras ésta se deja levantada.
**Terrina.** Vasija de barro para cocer carnes, pescados y caza. Plato.
**Torreja o torrija.** Rebanada de pan embebida de vino o leche, frita y endulzada.
**Tostar.** Exponer un alimento a la acción del calor intenso hasta que tome un color dorado oscuro.
**Totopo.** Trocito de tortilla frito, que se emplea para las sopas o para acompañar frijoles fritos o guacamole.
**Tournedó.** Medallón de lomo.
**Trabar.** Ligar.
**Trabajar.** Remover las salsas, batidos, masas y pastas hasta que tengan su punto.

**Trinchar.** Cortar las aves por sus coyunturas, para servirlas o guisarlas.
**Trocear.** Cortar en trozos menudos el alimento.
**Trozar.** Machacar, majar, triturar groseramente los alimentos.

## U

**Ulpo.** Gachas americanas de harina de maíz y agua.
**Untar.** Engrasar.
**Usillo.** Achicoria silvestre.
**Uslero.** Palo de amasar.

## V

**Verdura.** Hortaliza, sobre todo la que se come cocida.
**Vianda.** Todo lo que sirve de alimento al hombre. Comida que se sirve en la mesa.
**Vinagreta.** Salsa fría compuesta de aceite, vinagre, sal y pimienta con la que se acompañan pescados o aderezan ensaladas.

## W

**Welsh-rabbit.** Preparación inglesa que consiste en una tostada de queso derretido en cerveza.
**Wok.** Sartén china con una o dos asas.
**Worcestershire.** Salsa inglesa de tomate muy condimentada.

## Y

**Yagua.** Palma venezolana que se emplea como hortaliza.
**Yakitori.** Manjar de la cocina japonesa consistente en pinchos de pollo y verduras adobados con salsa de soja, azúcar, canela, mirin y sake asados a la parrilla.
**Yogur.** Leche fermentada y cuajada.
**Yuyos.** En algunos países latinoamericanos, hierbas tiernas y comestibles. Hierbas aromáticas.

## Z

**Zabucar.** Revolver una vianda de arriba abajo y de un lado a otro.
**Zarzuela.** Guiso de varios pescados o mariscos.
**Zumo.** Jugo de los vegetales u otras viandas.

# Diccionario de equivalencias español y latinoamericano

## A

**Abacaxi (abacaxí):** ananá, ananás, piña.
**Abácora:** albacora, atún, bonito, cabaña de dientes, chauchilla, monoó.
**Abadejo:** bacalao, curadillo, mojito, reyezuelo, truchuela.
**Abalón:** loco.
**Abocado (avocado):** aguacate, aguazate, chuchú, palta o paltá, palto.
**Aceituna:** oliva.
**Acerola:** níspero.
**Achagual (achangual):** acuagual, girasol, mirasol.
**Achicoria:** escarola, yerba amarga.
**Achiote:** bija, bijol, color, mantur, onoto, pimentón.
**Acitrón:** citrón.
**Aguacate:** abocado o avocado, aguazate, chuchú, paltá, palto.
**Ahumado:** bacon (beicon), entrecijo, garra, panceta ahumada, tocineta, tocino, tocino entreverado.
**Ají:** conguito, chile, chiltipiquín, chiltoma, miltoma, pimiento.
**Ajiaceite:** ajada, ajolio, alioli.
**Ajo puerro:** poro, porro, porrón, puerro.
**Ajonjolí:** sésamo.
**Alacha:** aladroque, alece, alefe, anchoa, anchoíta, anchova, bocarte, boquerón, haleche, lacha.
**Albahaca:** alábega, alfábega.
**Albaricoque:** albarcoque, chabacano, damasco.
**Albóndiga (albondiguilla):** bodoque.
**Alcachofa:** alcabucil, alcací, alcahucil, alcaucil, alcuací, alcuacil.
**Alcaparra:** cápara, pápara.
**Alcaravea:** comino, kummel.
**Alcaucil:** alcabucil, alcací, alcachofa, alcahucil, alcuací, alcuacil.
**Alchucha:** archucha, pepino.
**Alfóncigo:** pistacho, pistache.
**Aliñar:** aderezar, condimentar.
**Alubia:** arveja, calamaco, caraota, faba, fásol, fréjol, frijol (fríjol), frisol (frísol), frisuelo, habichuela, judía, judía blanca, poroto, tríjol.
**Alverja:** arreja, arveja, chícaro, chícharo, guisante, petit pois.
**Ananá (ananás):** abacaxi (abacaxí), piña.
**Anchoa (anchova o anchoíta):** alacha, aladroque, alece, alefe, bocarte, boquerón, haleche, lacha.
**Apio:** arracachá, esmirnio, panul, perejil macedonio.
**Arroz:** casulla, macho, palay.
**Azafrán:** brin, croco.

## B

**Bacalao:** abadejo, curadillo, mojito, reyezuelo, truchuela.
**Bacon (beicon):** ahumado, entrecijo, garra, panceta ahumada, tocineta, tocino, tocino entreverado.
**Banana (banano):** cambur, guineo, maduro, plátano, topocho, verde.
**Batata:** boniato, buniato, camote, moniato, moñato, papa dulce.
**Becada:** arcea, becasina, bequerada, coalla, chilacoa, chocha, chochita, chorcha, gallina sorda, gallineta, pitorra.
**Berberecho:** chanque.
**Bife:** bistec, beefsteak, filete.
**Bodoque:** albóndiga, albondiguilla.
**Boniato:** batata, buniato, camote, moniato, moñato, papa dulce.
**Bonito:** abácora, albacora, atún, cabaña de dientes, chauchilla, monoó.
**Boquerón:** alacha, aladroque, alece, alefe, anchoa, anchoíta, anchova, bocarte, haleche, lacha.
**Brécol (brécole):** brócul, bróculi, coliflor, repollo morado.

## C

**Caballa:** verle.
**Cabaña de dientes:** abácora, albacora, atún, bonito, chauchilla, monoó.
**Cabezudo:** cachampa, lebrancho, lisa, liza, múgil, mújol.
**Cabrito:** chivito.
**Cacahuete:** cacahuate, cacahuey, maní.
**Calabacín:** calabacita, hoco, zambo, zapallito, zapallo italiano.
**Calabaza:** abinca, ahuyama, alcayota, auyama, bulé, chibche, chiclayo, shupe, vitoria, zapallo.
**Calamar:** calamarete, chipirón.
**Callampa:** champiñón, hongo, seta.
**Callos:** canan, chichulín, chinchulín, guatitas, intestinos, menudos, mondongo, panza, tripa, vientre, vísceras.
**Camarón:** cámbaro, cangrejo, centola, centolla, cigala, chacalín, gamba, jabia, jaiba, jaiva, langostino, loco, quisquilla.
**Cambray:** cebolla perla, cebolleta, cebollino inglés, cebollita.
**Camote:** batata, boniato, buniato, moniato, moñato, papa dulce.
**Canapé:** pasabocas, pasapalos.
**Canguil:** cotufa, palomita de maíz, pororó, pururú.
**Canuto:** macarrón.
**Caracol:** buccino.
**Caracú:** ossobuco, tuétano.
**Carnaje:** cecina, chacina, chalona, charque, charqui, tasajo.
**Casulla:** arroz, macho, palay.
**Cauca:** biscocho, bizcocho, galleta.
**Cayote:** chayote, sandía.
**Cecina:** carnaje, chacina, chalona, charque, charqui, tasajo.
**Cedrón:** hierba luisa.
**Céfalo:** huachipango, lobina, lubina, llop, robalo (róbalo), rombo.
**Cenacle (cenancle):** chilote, choclo, chocolo, elote, jojoto, maíz, mazorca.
**Centola (centolla):** camarón, cámbaro, cangrejo de río, jabia.
**Cerceta:** trullo.
**Cerifolio:** perejil chino, perifollo.
**Champiñón:** callampa, hongo, seta.
**Chancar:** machacar, majar, moler, triturar, trozar.
**Chancha:** bajoca, chaucha, ejote, judía verde, poroto verde, vaina.
**Chaucha:** bajoca, chancha, ejote, judía verde, poroto verde, vaina.
**Chibche:** abinca, ahuyama, alcayota, auyama, bulé, calabaza, chiclayo, shupe, vitoria, zapallo.
**Chícaro:** alverja, arveja, chícharo, guisante, petit pois.
**Chicoria:** cilantro, coriandro, culantro, chillangua, chirara.
**Chichulín (chinchulín):** callos, canan, guatitas, intestinos, menudos, mondongo, panza, tripa, vientre, vísceras.
**Chile:** ají, conguito, chiltipiquín, chiltoma, miltoma, pimiento.
**Chile picante:** ají picante, chiltepe, guindilla, ochú, ñora.
**Choclo (chocolo):** cenacle, cenancle, chilote, elote, jojoto, maíz, mazorca.
**Chocha (chochita):** arcea, becada, becasina, bequerada, coalla, chilacoa, chorcha, gallina sorda, gallineta, pitorra.
**Cholga:** chorito, choro, choto, mejillón, moule, ostión.

**Chumbera:** higo chumbo, nopal, tuna.
**Chuño:** fécula de papa.
**Cilantro:** coriandro, culantro, chicoria, chillangua, chirara.
**Cinta:** fetuchín, tallarín.
**Ciruela:** claudia, mirabolano.
**Claudia:** ciruela, mirabolano.
**Codorniz:** coalla, colín, torillo.
**Comino:** alcaravea, kummel.
**Concha:** ostia, ostión, ostra.
**Costeleta:** costilla, chuleta.
**Costilla:** costeleta, chuleta.

### D

**Damasco:** albarcoque, albaricoque, chabacano.
**Dentón:** besugo, castañeta, papamosca.
**Dragoncillo:** estragón, tarragona.
**Durazno:** melocotón.

### E

**Ejote:** bajoca, chancha, chaucha, judía verde, poroto verde, vaina.
**Elote:** cenacle, cenancle, chilote, choclo, chocolo, jojoto, maíz, mazorca.
**Encurtido:** pickle.
**Endibia:** escarola, lechuga crespa.
**Enebro:** ginebra, ginebrina, ginebrón.
**Escalonia:** ascalonia, cebolla de verdeo, chalote, escaloña.
**Escarola:** achicoria, endibia, lechuga crespa, yerba amarga.
**Esturión:** sollo.

### F

**Faba:** alubia, arveja, calamaco, caraota, fásol, fréjol, trijol (fríjol), frisol (frísol), frisuelo, haba, habichuela, judía, judía blanca, pallar, poroto, tríjol.
**Farsa:** condumio, picadillo, pino, recado, relleno.
**Feta:** chulla, loncha, tajada.
**Filete:** bife, bistec, beefsteak.
**Fréjol:** alubia, arveja, calamaco, caraota, faba, fásol, frijol (fríjol), frisol (frísol), frisuelo, haba, habichuela, judía, judía blanca, pallar, poroto, tríjol.
**Fresa:** frutilla, madroncillo, morango.
**Frijol (fríjol):** alubia, arveja, calamaco, caraota, faba, fasol, fréjol, frisol (frísol), frisuelo, haba, habichuela, judía, judía blanca, pallar, poroto, tríjol.
**Frutilla:** fresa, madroncillo, morango.

### G

**Gamba:** camarón, langostino.
**Gandul:** lenteja.
**Garbanzo:** chícharo, chícharro, mulato, teniente.
**Gelatina:** granetina, grenetina, jaletina.
**Ginebra:** enebro, ginebrina, ginebrón.
**Girasol:** acuagual, achagual, achangual, mirasol.
**Guindilla:** ají picante, chile, chile picante, chiltepe, ñora, ochú.
**Guineo:** banana, banano, plátano, cambur, maduro, topocho, verde.
**Guirlache:** crocante.
**Guirlacho:** praliné.
**Guisante:** alverja, arreja, arveja, chícaro, chícharo, pésol, petit pois, tito.

### H

**Haba:** faba, fréjol, frijol, pallar.
**Haleche:** alacha, aladroque, alece, alefe, anchoa, anchoíta, anchova, bocarte, boquerón, lacha.
**Hierba Luisa:** cedrón.
**Hierba santa:** hierbabuena, huacatay, menta, paico.
**Hierbabuena:** hierba santa, huacatay, menta, paico.
**Hígado:** pana.
**Higo chumbo:** chumbera, nopal, tuna.
**Hinojo:** aguajaque.
**Hoco:** calabacín, calabacita, hoco, zambo, zapallito, zapallo italiano.
**Hongo:** seta, callampa.
**Huachipango:** céfalo, lobina, lubina, llop, robalo (róbalo), rombo.
**Huairuro:** ayocote, judía, mongo.
**Huesillo:** orejón.

### I

**Intestinos:** callos, canan, chichulín, chinchulín, guatitas, menudos, mondongo, ocote, panza, tripa, vientre, vísceras.

### J

**Jabia:** camarón, cámbaro, cangrejo de río, centola, centolla.
**Jacha:** berza rizada, col crespa.
**Jaiba (jaiva):** camarón, cámbaro, cangrejo, loco.
**Jaletina:** gelatina, granetina, grenetina.
**Jamón dulce:** jamón cocido, jamón de York.
**Jenabe:** mostaza, mostazo.
**Jengibre:** kión.
**Jibia:** luria, sepia.
**Jitomate:** tomate.
**Judía verde:** bajoca, chancha, chaucha, ejote, poroto verde, vaina.

### K

**Kión:** jengibre.
**Kummel:** alcaravea, comino.

### L

**Lacha:** alacha, aladroque, alece, alefe, anchoa, anchoíta, anchova, bocarte, boquerón, haleche.
**Langostino:** camarón, gamba.
**Lardo:** cuito, entrecijo, garra, grasa de cerdo, lardo, manteca de cerdo, murceo, panceta, tocino, unto.
**Lebrancho:** cabezudo, cachampa, lisa, liza, múgil, mújol.
**Lechosa:** papaya.
**Lenguado:** suela.
**Lenteja:** gandul.
**Lisa (liza):** cabezudo, cachampa, lebrancho, múgil, mújol.
**Llop:** céfalo, huachipango, lobina, lubina, róbalo, rombo.
**Lobina:** céfalo, huachipango, lubina, llop, robalo (róbalo), rombo.
**Loco:** abalón, camarón, cámbaro, cangrejo, jaiba, jaiva.
**Lubina:** céfalo, huachipango, lobina, llop, robalo (róbalo), rombo.
**Luria:** jibia, sepia.

### M

**Macarrón:** canuto.
**Machacar:** chancar, majar, moler, triturar, trozar.
**Macho:** arroz, casulla, palay.
**Madroncillo:** fresa, frutilla, morango.
**Maduro:** banana, banano, cambur, guineo, plátano, topocho, verde.
**Maicena:** almidón, fécula de maíz.
**Maíz:** cenacle, cenancle, chilote, choclo, chocolo, elote, jojoto, mazorca.
**Majar:** chancar, machacar, moler, triturar, trozar.
**Malanga:** col, posarno, repollo, taoiba.
**Mamón (mamona):** becerra, chota, jata, novilla, ternera, vitela.
**Mandioca:** aipim, guacamote, yuca.
**Maní:** cacahuate, cacahuete, cacahuey.
**Manteca de cerdo:** grasa de cerdo, lardo.
**Mantequilla:** manteca de vaca.
**Mantur:** achiote, bija, bíjol, color, onoto, pimentón.
**Maracuyá:** parchita.

**Marinar:** adobar, macerar.
**Marlo:** coronta.
**Marrano:** cebón, cerdo, cochino, cocho, chancho, chuchí, puerco, tunco
**Mayonesa (mahonesa):** bayonesa.
**Mazorca:** cenacle, cenancle, choclo, chocolo, elote, jojoto, maíz.
**Mejillón:** cholga, chorito, choro, choto, moule, ostión.
**Majo:** quesillo, requesón, ricota.
**Mejorana:** sampsuco, tomillo blanco.
**Melocotón:** durazno.
**Menta:** hierbabuena, hierba santa, huacatay, paico.
**Menudencias (menudillos o menudos):** achuras, asadura, callos, canan, chichulín, chinchulín, chinchurria, despojo, guatitas, intestinos, mondongo, panza, tripa, vientre, vísceras.
**Menudos:** callos, canan, chichulín, chinchulín, guatitas, intestinos, mondongo, panza, tripa, vientre, vísceras.
**Merengue:** besito.
**Merluza:** pescada.
**Metate:** almirez, molcajete, mortero, pilón.
**Milanesa:** escalopa, escalope.
**Milhojas:** hojaldre.
**Mirabolano:** ciruela, claudia.
**Mirasol:** acuagual, achagual, achangual, girasol.
**Mojito:** abadejo, bacalao, curadillo, reyezuelo, truchuela.
**Molcajete:** almirez, metate, mortero, pilón.
**Moler:** chancar, machacar, majar, triturar, trozar.
**Molleja:** cachuela.
**Mongo:** ayocote, huairuro, judía.
**Monoó:** abácora, albacora, atún, bonito, cabaña de dientes, chauchilla.
**Moñato:** batata, boniato, buniato, camote, moniato, papa dulce.
**Morango:** fresa, frutilla, madroncillo.
**Morcilla:** moronga, morulla.
**Moronga:** morcilla, morulla.
**Morrón:** pimiento o ají colorado dulce.
**Mortero:** almirez, metate, molcajete, pilón.
**Morulla:** morcilla, moronga.
**Mostaza (mostazo):** jenabe.
**Múgil (mújol):** cabezudo, cachampa, lebrancho, lisa, liza.
**Mulato:** chícharo, chícharro, garbanzo, teniente.
**Mulito:** clumpipe, cuchimpe, chumpipe, guajalote, guajolote, guanajo, pavita, pavo, pisco.

## N

**Nabo:** coyocho.
**Nata (natillas):** cacuja, crema batida, crema de leche, crema doble, flor de leche.
**Nécora:** cangrejo de mar.
**Níspero:** acerola.
**Nopal:** chumbera, higo chumbo, tuna.
**Novilla:** becerra, chota, jata, mamón, mamona, ternera, vitela.
**Novillo:** buey joven, res.

## Ñ

**Ñame:** achin, ñanqui.
**Ñanqui:** achin, ñame.
**Ñora:** ají picante, chile picante, guindilla, ochú.

## O

**Ocote:** tripa, intestino.
**Óleo:** aceite.
**Oliva:** aceituna.
**Onoto:** achiote, bija, bíjol, color, mantur, onoto, pimentón.
**Orejón:** huesillo.
**Ossobuco:** caracú, tuétano.
**Ostia (ostión):** concha, ostra.
**Ostión:** cholga, chorito, choro, choto, mejillón, moule.
**Ostra:** concha, ostia, ostión.

## P

**Paico:** hierbabuena, hierba santa, huacatay, menta.
**Palay:** arroz, casulla, macho.
**Palomita de maíz:** canguil, cotufa, pororó, pururú.
**Palto (palta o paltá):** abocado o avocado, aguacate, aguazate, avocado, chuchú.
**Pamplemusa:** pomelo, toronja.
**Pana:** hígado.
**Panca:** cutul, chala.
**Panceta:** cuito, entrecijo, garra, lardo, murceo, tocino, unto.
**Panceta ahumada:** ahumado, bacon (beicon), entrecijo, garra, tocineta, tocino, tocino entreverado.
**Panela:** azúcar moreno, azúcar rubio, azúcar sin refinar, chancaca, papelón, piloncillo, raspadura.
**Pancake:** crepe, panqueque.
**Panqueque:** crepe, pancake.
**Panul:** apio, arracachá, esmirnio, perejil macedonio.
**Panza:** callos, canan, chichulín, chinchulín, guatitas, menudos, mondongo, tripa, vientre, vísceras.
**Papa:** patata.

**Papa dulce:** batata, boniato, buniato, camote, moniato, moñato.
**Papamosca:** besugo, castañeta, dentón.
**Papaya:** lechosa.
**Papelón:** azúcar moreno, azúcar rubio, azúcar sin refinar, chancaca, piloncillo, raspadura.
**Paprika (páprika):** pimentón, pimiento dulce.
**Parchita:** maracuyá.
**Parro:** ánade, carraco, pato.
**Pasabocas:** canapé, pasapalos.
**Pasapalos:** canapé, pasabocas.
**Pastelito:** cake, ponqué.
**Patata:** papa.
**Pato:** ánade, carraco, parro.
**Pato silvestre:** ánade real.
**Pavita:** clumpipe, cuchimpe, chumpipe, guajalote, guajolote, guanajo, mulito, pavo, pisco.
**Pavo:** clumpipe, cuchimpe, chumpipe, guajalote, guajolote, guanajo, mulito, pavita, pisco.
**Pepino:** alchucha, archucha.
**Perejil chino:** cerifolio, perifollo.
**Perejil macedonio:** apio, arracachá, esmirnio, panul.
**Perifollo:** cerifolio, perejil chino.
**Pernil:** jamón.
**Pescada:** merluza.
**Pescadilla:** merluza pequeña.
**Pésol:** arveja, chícharo, guisante, tito.
**Petit pois:** alverja, arveja, chícaro, chícharo, guisante, pésol, tito.
**Picadillo:** condumio, farsa, pino, recado, relleno.
**Picadura:** ralladura.
**Pilón (piloncillo):** azúcar moreno, azúcar rubio, azúcar sin refinar, chancaca, papelón, raspadura.
**Pilón:** almirez, mortero, metate, molcajete,
**Pimentón:** achiote, bija, bijol, color, mantur, onoto, paprika (páprika), pimiento dulce.
**Pimiento:** ají, conguito, chile, chiltipiquín, chiltoma, miltoma.
**Pimiento dulce:** paprika (páprika), pimentón.
**Pimiento o ají colorado dulce:** morrón.
**Pinchito (pincho):** brocheta, brochette.
**Pino:** condumio, farsa, picadillo, recado, relleno.
**Pintada:** gallina de guinea, gallineta.
**Piña:** abacaxi (abacaxí), ananá, ananás.
**Pisco:** clumpipe, cuchimpe, chumpipe, guajalote, guajolote, guanajo, mulito, pavita, pavo.
**Pistache (pistacho):** alfóncigo.

**Pitorra:** arcea, becada, becasina, bequerada, coalla, chilacoa, chocha, chochita, chorcha, gallina sorda, gallineta.
**Plátano:** banana, banano, cambur, guineo, maduro, topocho, verde.
**Polvo de hornear:** levadura.
**Pomelo:** pamplemusa, toronja.
**Poro:** ajo puerro, porro, porrón, puerro.
**Pororó:** canguil, cotufa, palomita de maíz, pururú.
**Poroto:** alubia, arveja, calamaco, caraota, faba, fásol, fréjol, frijol (fríjol), frisol (frísol), frisuelo, habichuela, judía, judía blanca, tríjol.
**Poroto verde:** bajoca, chancha, chaucha, ejote, judía verde, vaina.
**Porro (porrón):** ajo puerro, poro, puerro.
**Posarno:** berza, bretón, col, malanga, repollo, taoiba, tallo.
**Praliné:** guirlacho.
**Puerco:** cebón, cerdo, cochino, cocho, chancho, chuchí, marrano, tunco.
**Puerro:** ajo puerro, poro, porro, porrón.
**Puro:** abatí, calaguasca, chiringuito.
**Pururú:** canguil, cotufa, palomita de maíz, pororó.

## Q

**Quesillo:** majo, requesón, ricota.
**Quisquilla:** camarón, cámbaro, cangrejo de río, chacalín.

## R

**Rallador:** guayo.
**Ralladura:** picadura.
**Raspadura:** azúcar moreno, azúcar rubio, azúcar sin refinar, chancaca, papelón, piloncillo.
**Rape:** pejesapo.
**Relleno:** condumio, farsa, picadillo, pino, recado.
**Remolacha:** betabel, betarraga, beterraga, beterrave, teterrave.
**Repollito:** bretón, col de Bruselas.
**Repollo:** berza, bretón, col, malanga, posarno, taoiba.
**Repollo morado:** brécol, bróculi, coliflor.
**Requesón:** majo, quesillo, ricota.
**Reyezuelo:** abadejo, bacalao, curadillo, mojito, truchuela.
**Ricota:** majo, quesillo, requesón.
**Robalo (róbalo):** céfalo, huachipango, lobina, lubina, llop, rombo.
**Rodaballo:** lenguado con caninos, turbot.

## S

**Sábalo:** alosa, arencón.
**Saguinto:** guayaba.
**Salmonete:** barbo de mar, trigla, trilla.
**Salsa blanca:** bechamel, bechamela, besamel, besamela.
**Sampsuco:** mejorana, tomillo blanco.
**Sandía:** cayote, chayote.
**Sapote:** chicozapote, zapote.
**Sepia:** jibia, luria.
**Sésamo:** ajonjolí.
**Seta:** hongo, callampa.
**Shupe:** abinca, ahuyama, alcayota, auyama, bulé, calabaza, chibche, chiclayo, vitoria, zapallo.
**Sirop (sirope):** almíbar.
**Soja:** soya.
**Sollo:** esturión.
**Soya:** soja.
**Suela:** lenguado.

## T

**Tajada:** chulla, feta, loncha, lonja.
**Tallo:** berza, bretón, col, posarno, repollo.
**Tasajo:** carnaje, cecina, chacina, chalona, charque, charqui.
**Teniente:** chícharo, chícharro, garbanzo, mulato.
**Tarragona:** dragoncillo, estragón.
**Teterrave:** betabel, betarraga, beterraga, beterrave, remolacha.
**Tito:** arveja, chícharo, guisante, pésol.
**Tocineta:** ahumado, bacon (beicon), entrecijo, garra, panceta ahumada, tocino, tocino entreverado.
**Tocino (tocino entreverado):** ahumado, bacon (beicon), cuito, entrecijo, garra, lardo, murceo, panceta, panceta ahumada, tocineta, tocino entreverado, unto.
**Tomate:** jitomate.
**Tomillo blanco:** mejorana, sampsuco.
**Topocho:** banana, banano, cambur, guineo, maduro, plátano, verde.
**Torillo:** coalla, codorniz, colín.
**Trigla (trilla):** barbo de mar, salmonete.
**Tríjol:** alubia, arveja, calamaco, caraota, faba, fásol, fréjol, frijol (fríjol), frisol (frísol), frisuelo, habichuela, judía, judía blanca, poroto.
**Tripa:** callos, canan, chichulín, chinchulín, guatitas, intestinos, menudos, mondongo, ocote, panza, vientre, vísceras.
**Triturar:** chancar, machacar, majar, moler, trozar.
**Trozar:** chancar, machacar, majar, moler, triturar.
**Truchuela:** abadejo, bacalao, curadillo, mojito, reyezuelo.
**Trufa:** criadilla de tierra.
**Trullo:** cerceta.
**Tuétano:** caracú, ossobuco.
**Tumbo:** badea.
**Tuna:** chumbera, higo chumbo, nopal.
**Turbot:** lenguado con caninos, rodaballo.

## U

**Unto:** cuito, entrecijo, garra, lardo, murceo, panceta, tocino.
**Uslero:** palo de amasar, palote, rodillo.

## V

**Vaina:** bajoca, chancha, chaucha, ejote, judía verde, poroto verde.
**Venera:** concha de peregrino, concha señorita, vieira.
**Verde:** banana, banano, cambur, guineo, maduro, plátano, topocho.
**Vieira:** concha de peregrino, concha señorita, venera.
**Vientre:** asadura, callos, canan, chichulín, chinchulín, despojo, guatitas, intestinos, menudillos, menudos, mondongo, panza, tripa, vísceras.
**Vísceras:** asadura, callos, canan, chichulín, chinchulín, despojo, guatitas, intestinos, menudillos, menudos, mondongo, panza, tripa, vientre.
**Vitela:** becerra, chota, jata, mamón, mamona, novilla, ternera.
**Vitoria:** abinca, ahuyama, alcayota, auyama, bulé, calabaza, chibche, chiclayo, shupe, zapallo.

## Y

**Yerba amarga:** achicoria, escarola.
**Yuca:** aipim, guacamote, mandioca.

## Z

**Zambo:** calabacín, calabacita, hoco, zapallito, zapallo italiano.
**Zanahoria:** azanoria.
**Zapallito:** calabacín, calabacita, hoco, zambo, zapallo italiano.
**Zapallo:** abinca, ahuyama, alcayota, auyama, bulé, calabaza, chibche, chiclayo, shupe, vitoria.
**Zapallo italiano:** calabacín, calabacita, hoco, zambo, zapallito.
**Zapote:** chicozapote, sapote.
**Zarceta:** ánade silbón.